対話のレッスン

平田オリザ

講談社学術文庫

学術文庫版まえがき

この『対話のレッスン』は、私が劇作家になって以来はじめて、演劇以外のことを中心に据えて書いた書籍である。そのころ私は、演劇雑誌『せりふの時代』（小学館）で、井上ひさしさんと「話し言葉の日本語」という連載対談を行っていて、その担当者から、あらためて言葉について書いてみないかと依頼を受けて連載が始まった。ただ、私の仕事の中核は常に演劇にあり、劇作家から見た日本語という視点は、今も昔も変わっていない。

私は、主に以下のような問題意識を持って日本語と演劇について考えてきた。詳しくは、本書を読んでいただきたいと思うが、ここにとりあえず、最大の論点のみをまとめておく。

・近代演劇は、「対話」の構造を要求する。
・日本語には、「対話」の概念がない。

・三段論法からいけば、日本に近代演劇は成り立たない。
・では、日本語で近代演劇を成立させるためには、どのような工夫が必要なのか？

こうして十五年以上前の連載原稿を読み返してみると、十年一日《いちじつ》どころか、私自身、十年を超えて、ほぼ同じことを言い続けていることがよく分かる。これを「ぶれない」と評するか、進歩がないと評するか、おそらく後者であろうが、それでもこうして少しずつでも原稿を書き続け、それが活字になること、あるいは長く読み継がれ文庫化していただけることを許されているのは、言葉に対する時代の要請がふたたび高まってきたのか、それとも、拙文が、一時に世間に広まるほどの説得力がないというだけのことなのか。

いずれにしても、この『対話のレッスン』には、近著『わかりあえないことから』（講談社現代新書）にまで至る私のコミュニケーション論のエッセンスが、比較的ぎっしりと詰まっている。それから、当時はまだ、いまよりは時間があったからなのか、それともいまよりは、まだ少しは真面目だったからなのか、きちんといろいろなことを調べて原稿を書いている。インターネットがいまほどには普及していない時代だったのだから、さぞ大変だったことだろうと、この点だけは、他人事のように感心する。

この連載の時期は、私にとって人生の節目でもあった。文中にあるように、この時期から海外での活動が本格化した。そして、もう一点、桜美林大学の助教授となった。海外での活動と、大学での教育は、その後大きな発展を遂げて現在に至る。連載時には私自身、ここまでのことになるとは思ってもいなかったが。

二〇〇〇年代以降、海外での活動は常態化し、いつしか、外国の大学で教えることも多くなった。それが可能となったのも、本書を書くにあたっての思考の蓄積が、大きな支えとなった。

海外の大学での講義で、先に掲げた「対話」についての話などをすると、学生たちからは「それはその通りだが、『対話』と『会話』の違いなんて考えてもみなかった」といった反応が返ってくる。欧米では、「対話」と「会話」の違いは自明のものなので意識もしないのだろう。それ故に、近代演劇が対話を要請するという意識もない。

ここに、私のような者でも、海外の大学で教えることのできる一つの大きな要因がある。新しい表現は、常に辺境からやってくる。文化の中枢にいる者は、その文化の本質が何であるかは、もはや分からない。辺境の住人は、中央の文化に憧れ、その本質をどうにかつかもうと努力する。

十七世紀、シェイクスピアの暮らしたイギリスは欧州の田舎だった。イプセンのノルウェイ、チェーホフのロシアは、十九世紀、欧州の辺境だった。

この十五年（いやもっと前から）の私の煩悶は、ヨーロッパで生まれた近代演劇の本質をつかみ、さらにはその背景にある「対話」、そしてそれと対の概念にある「民主主義」に憧れ、その本質をつかもうとした過程であったかもしれない。


たとえば私は、いま、毎週のように通っている福島県で、演劇に取り組む高校生たちに、以下のようなことを語っている。

「ある共同体に強い運命が降りかかったときに、共同体の成員一人ひとりから、それまで思ってもいなかったような価値観の表出が始まる。そこに対話が生まれ、ドラマが生まれる。だからこそ、何よりもいま福島には『対話』の力が必要なのだ。それを演劇を通じて学んで欲しい」

「県外の人に福島のことを伝えるとき、君たちだって同情してもらいたいとは思っていないだろう。しかし共感はしてもらいたい。だとすれば、どのようにして共感できるポイントを見つけていくかが大切になる」

日本の民主主義が岐路に立とうとしているこのときに、本書が文庫化されることには、多少なりとも感慨がある。

たとえば現在、ちまたにはびこる「嫌韓本・嫌中本」あるいは「日本礼賛本」の隆盛は、本書で取りあげた「対話をはばむ捏造と恫喝」「悪口言い放題社会」あたりに、その源流があるように思う。隣国の悪口を満載した本や雑誌が飛ぶように売れる国は、そうとうに病んだ社会だ。だが、そのような本が売れる現状を目の当たりにすると、本当に膝から力が抜けていく。

他者を蔑む熱狂や発散に対して、対話の営みは時間がかかり、ときにもどかしく、非効率だ。それでも私は、そこにしか希望はないと思う。劇作家という道化の役割を果たしながら、対話の輪を広げて行ければと思う。

二〇一五年四月

平田オリザ

目次

対話のレッスン

話し言葉の地図

私はここ数年、劇作家、演出家という本業のかたわら、全国を回って、演劇のワークショップという仕事を行っている。

たとえば、この夏の宮城県の高校演劇連盟の「リーダー研修会」という催しは、仙台郊外のバンガローに泊まり込みで、一泊二日の日程だった。まず午後二時から三時間、テキストを使って基礎的な演技や演出についてのワークショップ。次に、班に分かれての集団創作に入る。一番遅くまで粘った班につき合って、夜中の一時まで、食事の時間以外ずっと集団創作のミーティングと稽古が繰り返される。翌朝は六時半に起きて、七時から、また創作の続き。そして、一〇時から各班ごとに一五分程度の創作劇を発表する。結局、バンガローにいた二四時間のうち、一五時間近くワークショップをしていたことになる。

さて、こういった創作ワークショップや、あるいは高校演劇の審査員などをしていて、一番気にかかるのは、現代の高校生の対話能力のなさである。

と、このようにして、おもむろに本題に入っていこうというわけだが、今回は初回でもあるから、表題にもなっているこの「対話」という言葉について、もう少し説明をしておこう。

演劇の言葉は、「話し言葉」によって成り立っている。「話し言葉」というと、どうしても日常会話を思い浮かべがちだが、ここでいう「話し言葉」とは、人間が話す言葉の全体を指していると考えて欲しい。

演劇は、人間の話す様々な種類の言葉によって成り立っている。

「話し言葉」に、そんなに様々な種類があるかと訝《いぶか》る方もいらっしゃるだろうが、いやいや、私たちは、生活のあらゆる局面で、意外なほど多種多様な言葉を駆使して、人生の時間を少しずつ前へと進めている。

井上ひさし氏は、「話し言葉」を、文法諸規則からの距離という視点で、「講演」「談話」「会議での会話」「やや堅苦しい日常会話」「くだけた日常会話」「非常時や感動を表す日常会話」というように分類している（『話しことば大百科』）。それを真似して、「意識」という視点で私なりに「話し言葉」を分類してみたのが、別表「話し言葉の地図」である。この表では、右に行くほど意識的に話している、ということはあらかじめ話すことが決まっていることになる。

話し言葉の地図

種類	英語	発話者	数	相手・数	知己	聞く意志	場所	最初の言葉	長さ	結果
演説	Address	政治家	単	不特定多数	他人	無	広場	紳士淑女諸君	長	熱狂
談話	Speech	文化人	単	特定多数	他人	中	講演	皆さん	長	理解
説得・対論	Debate	弁護士	複	特定少数	知人	悪意	会議室	私の考えは	中	納得
教授・指導	Teaching	教師	単	特定少数	知人	強	教室	これは	長	習得
対話	Dialogue	不定	複	不特定少数	他人	中	ロビー	私は	中	共感
（挨拶）	Greeting	不定	複	不定	不定	弱	公園	こんにちは	短	親和
会話	Conversation	家族	複	ごく親しい知人		弱	居間	あのさー	短	確認
反応・叫び	Reflection	不定	単	無し	–	–	台所	ギャー	短	
独り言	Monologue	不定	単	無し	–	–	自室	淋しい	短	寂寥

意識的 ←→ 無意識

もう少しだけ解説を加えよう。たとえば演説というのは、「政治家」なんかがよく行うもので、たいてい喋《しゃべ》る人は「単」数である。一方聞く側は「不特定多数」であり、しかも話者にとってはまったく自分のことを知らない存在「他人」であり、また話を聞く意志も初めはあまり「無い」ことが多い。演説が行われる場所は「広場」などが多く、最初の言葉は、「紳士淑女諸君」「お集まりの皆さん」といったところだろうか。ひとりが連続して喋る時間は往々にして「長く」、それが成功した場合は結果として「熱狂」が得られる。と、まぁ、こういった具合だ。

古今東西の名作と呼ばれる戯曲は、これらの多様な「話し言葉」を、バランスよく網羅している。シェイクスピアはその典型であって、演説から対話、会話、そして、叫びや独り言に至るまで、一本の戯曲の中に、あらゆる種類の「話し言葉」が内包され、それが今日の英語のひとつの規範とさえなっていることは周知の事実である。

モリエール、チェーホフ然《しか》り、名作と言われる戯曲には、様々な「話し言葉」が、まさに宝石をちりばめたように集められている。だが、その中でも、近代劇を支えている一番大きな要素は、「対話」ではないだろうか。

ここで注意しなければならないのは、「対話」と「会話」の違いである。あらかじめ、簡単に定義づけておくと、「対話」(Dialogue)とは、他人と交わす新たな情報交換や交流のことである。「会話」(Conversation)とは、すでに知り合った者同士の楽しいお喋りのことである。では何故、演劇には、対話が重要な要素となるのだろうか。

日常会話のお喋りには、他者にとって有益な情報はほとんど含まれていない。演劇においては、他者=観客に、物語の進行をスムーズに伝えるためには、観客に近い存在である外部の人間を登場させ、そこに「対話」を出現させなくてはならない。

と、こんな理屈を言うより一例を挙げよう。小津安二郎監督の名作『東京物語』の冒頭、笠《りゅうちしゅう》 智衆と東山千栄子演ずる老夫婦が、子供たちを訪ねて上京する、その準備をしている場面がある。ここではまず、空気枕をどちらの鞄に入れたかといった、たわいもない「会話」が繰り返される。やがて、隣人が通りかかって「対話」が始まる。

「お早うござんす」
「ああ、お早う」
「今日お発《た》ちですか」
「え、昼過ぎの汽車で」
「そうですか」

「まァ今の中《うち》に子供たちにも会っとこうと思いましてなあ……」

「お楽しみですなあ、東京じゃ皆さんお待ちかねでしょうで」

と、このような「対話」を通じて、観客は、一挙に事態を理解するのだ。ここで観客に与えられる情報は、たとえば、
ふたりが東京への旅行の準備をしていること。

東京では、出世した息子や娘が暮らしているらしいこと。

多少長い旅になりそうだが、それをふたりは楽しみにしている様子。

といったところだろうか。「空気枕」の会話とはまったく違う、急な展開である。

こういった他者の存在をうまく挿入できるかどうかが、すぐれた戯曲、すぐれたシナリオの最低条件となる。経験の浅い作家は、ここを日常会話だけで押し通そうとして失敗する。高校演劇も同様だ。とやっとここで、元の話に戻るわけだが、高校演劇では、この他者の存在がうまく描けないことが多い。あるいは、他者は存在しても、「対話」が成立していないことが間々ある。

理由は明白だ。現代の高校生は、他者と出会う機会が極端に少ない。偏差値で輪切りにされ、等質の生徒がひとつの校舎に集められ、教室のなかでも気のあった仲間としか会話を交わさない、そんな環境では対話の能力など育つはずがない。だが私は、

この事を高校生の言語活動の衰退といった言葉で済ませたいとは思っていない。否、日本のようなムラ社会の集合体では、元来、本当の意味での対話の習慣などはなかったのだ。だが世界は複雑化し、現代を生きる日本人は、他者との出会い、異文化との出会いを必然的に迫られ、対話の能力は以前にも増して要求されている。現代の高校生は、複雑化する社会が要求している対話の能力を身につける機会がないに過ぎない。

さて私は、この一連の文章を通じて、日本人の新しい対話の可能性が、何処《どこ》にあるのかを探っていきたいと思う。それは、私が全国を回るなかで出会う、様々な人々との対話の記録になるのかもしれない。また、それは、演劇や映画に登場する、様々な対話のカタログになるかもしれない。あるいは、インターネット上を走る電子の対話や、ポケベル・携帯電話といった新しいコミュニケーションの道具たちが、その主役の座をしめるのかもしれない。

いずれにせよ、日本語と、日本人の行く末を、様々な対話の向こう側に覗《のぞ》き見てみようというのが、この連載の、茫洋《ぼうよう》とした目論見である。まだ見ぬ他者を求めて、私はこの試みを、静かに始めていきたいと思う。

（一九九七年九月）

電脳時代の対話術

演劇という仕事は、昨今には珍しく、人と人とが直接出会わないと、なかなか話が進まない。インターネットを使って在宅勤務ならぬ「在宅稽古」なんていう洒落《しやれ》たことには決してならないのだ。この情報化社会にあって、私たちは、あいも変わらず稽古場に毎日通い、ひと月もふた月もかけて一本の芝居を創っている。

私自身、地方の仕事が多くなってしまうのも、結局、現場に行って、誰かと出会い、何かを行うことからしか、演劇という作業が始まらないからだ。

インターネットを中心にしたデジタル通信網の発達で、情報の一極集中が解消され、地方分権が進むという考え方がある。しかし一方で、そういった架空の空間でのコミュニケーションが多くなればなるほど、逆に顔をつき合わせて話し合うことの価値が生まれ、結局東京一極集中は加速されるのだという見方もある。

演劇についても、実は同様のことが言えるのであって、仮想空間の発達で演劇など早晩廃《すた》れてしまうという意見にも一理はあるし、また逆に、いやそういう時代だからこそ、ナマの舞台の価値が高くなっていくのだというのも理屈である。

まぁともかく、どちらにしても、通信ネット上のコミュニケーションや仮想空間での出会いが、新しい人間関係の媒介の役目の一翼を担っていくだろうという点に関しては異論はないのではないか。ところが、この新たなコミュニケーションツールである通信ネット上で、しばしば、対話を巡るトラブルが起こっている。

ここでいうトラブルとは、週刊誌などで派手に取り上げられている裁判沙汰《ざた》になるようなネット上の喧嘩《けんか》や罵《ののし》り合いのことではない。あなたの会社の社内メールでも容易に起こりうる誤解や不理解、そして、そこから生ずる些細な言い争いや、イヤミ、いじめといったレベルのもめごとだ。

ネット上での通信には、メール、検索、ショッピング、同好の士の会議室など様々な機能がある。この手のトラブルが起きやすいのは、主に、会議室、掲示板の類だ。電脳社会の住人ではない方々のために解説を付け加えておくと、この掲示板、会議室というものは、観光地の喫茶店やペンションにある落書きノートのようなものを思い浮かべてもらうといい。この落書きノートに、同好の士たちが好き勝手なことを書き込み、見ず知らずの（そしておそらく一生会うこともない）他人と親睦を深め、ときに議論し、また情報を交換する。業界最大手のニフティサーブには、演劇、映画、旅行といったフォーラムが六〇〇以上あり、そのフォーラムごとにまた約二〇の会議室がある。

さて、通信上における対話トラブルは、いったいどんなときに起こるのか。実例を挙げるといろいろと面倒なことになるので、架空の話を創ってみよう。

たとえばあなたが、食品フォーラムの「チーズの部屋」というチーズ愛好者の会議室に入会するとしよう。早く友達を作りたいあなたは、持っている知識を総動員して次のような自己紹介のメッセージを書くだろう。

「スティルトンの好きな中年男性です。秋の夜長には、ヴィンテージポートをチビチビやりながら、青かびタイプのチーズを齧《かじ》るのが最高ですね。英国人になったような気分です……青かび」（最後の「青かび」というのは、ハンドルネームといってネット社会でのペンネームのようなもの）。

さて、このメッセージに、さっそく答えが続々と届く。歓迎のメッセージである。

「青かびさん、こんにちは。いや、スティルトンが好きな人がいるなんて、びっくりびっくり。僕なんか、まだ、チーズ歴は五年で、もっぱらグリエールをボジョレで楽しんでいます。ま、これからも、色々書き込んで下さいね……ぱるめざん」

とまぁ、こんな感じだ。日常の会話としては、ごく普通のものである。ちょっと馴《な》れ馴《な》れしい感じもするが、それがネット上の会話の特徴でもある。だが、この何気ない歓迎メッセージの中にも、いくつかの落とし穴がある。

もちろん、たいていの場合は、何事もなく会話は円滑に進み、無事、あなたもこのフォーラムの一員となるだろう。だが万が一、この歓迎のメッセージを読んだときの、あなたの気分が、あまりいい状態ではなかった場合が問題なのだ。

あなたは、たとえば「びっくりびっくり」が気にかかる。なんだかバカにされてるんじゃないか。あるいは、「僕なんか、まだ、チーズ歴は五年」の、「なんか」が気にかかる。「どうせ、俺は、まだ三年だよ。へ、通ぶっちゃってさ」と、なんだか、まだ見ぬ相手が、とてもいやな奴に思えてくる。「ま」とか、「ね」といった言葉遣いも気にかかる。それでも、あなたは、丁寧に、こんな返答のメッセージを返すだろう。

「ぱるめざんさんは、もう五年もチーズを愛好なさってるんですか。前回は、初めての通信だったたんで、ちょっと緊張して、生意気なことを言っちゃいました、反省、反省。色々、教えて下さい。ボジョレーも最近は安くなっていいですよね。もともとフランスでは、安いお酒なんだから……青かび」

人間というのは、こういったときに、へりくだりながらも、何か一言、自己主張をしたがるものらしい。ボジョレのことなど書かなければいいのだが、ついつい、こういうことを書いてしまうのだ。

それでも、ぱるめざんさんの機嫌がよければ、問題は起こらない。だが、この人の方もちょっと性格の曲がった人だったりすれば、たぶん、こんな返事が返ってくるだろう。

「ボジョレまたは、ボージョレというワインは知っていますが、ボジョレーっていうのもあるんですか、初耳、初耳。ちなみに、僕が飲んでいるのは、ボジョレのクリュ。ヌーボーとかじゃないんですよ。それに、スティルトンは、冬から夏のチーズでしょ。秋の夜長にはふさわしくないんじゃないですか……ぱるめざん」

さて、もうこうなると、子供の喧嘩なのだ。あとは、どちらかが議論から降りるか、見るに見かねてフォーラムの管理者が忠告を出すまで、この泥仕合は続いていく。

新しいメディアにおける言語活動を研究している学者に聞いたところ、こういったトラブルは、欧米より日本で多く発生しているという。訴訟社会の米国の方が、この手のトラブルが多いような気がしていたので、この答えは意外だった。推測するに、恐らく米国のような多民族の社会では、初めて出会う他者との口のきき方が、ある程度、意識化されているのではないだろうか。やはり、ここでも日本人の対話の能力が問われてくるのだ。

賢明な読者諸兄はもうお気づきのことと思うが、先に掲げた会話は、顔をつき合わせていれば喧嘩の原因になるようなものではない。何故なら、「びっくりびっくり」なんて言葉遣いは初対面の人には使わないし、たとえ使ったとしても、「びっくりびっくり」や「なんか」や「ま」に悪意があるかどうかは、言葉の抑揚や相手の表情を見れば、すぐに判ることだからだ。

ネット上では、このような抑揚や表情に頼っているニュアンスは、ほとんどかき消されてしまう。通常の会話では親近感を示す役割を果たしている「なんか」「ま」「ね」といった語句が、ここでは誤解の元となる。こういった語句は、動詞や名詞と違って話者の意図を直接的に表すものなので、それが意図通りに伝わらない場合には、たいへん厄介なことになる。

「会話を書く」という行為は、この二千年のあいだ、劇作家という職業に就く者だけが行ってきた。電脳社会の発達につれて、その特殊な行為を、多くの人が普通に始めようとしている。混乱が起こるのは当然だ。「ね」「さ」といった助詞による表現が重要視される日本語の特徴が、その混乱に拍車を掛ける。

では対策はあるのか。なくはない。なくはないが、その対策については、いずれ、また。それまでに、読者諸兄が、通信上での無用の諍《いさか》いに巻き込まれないことを切に願って。

（一九九七年一〇月）

っていうか……

今年、私は、旅先の岡山で誕生日を迎えた。三五歳になった。

この連載を始めるにあたって、編集子からは、『本の窓』の読者は中高年が多いから、多少なりとも、そういった読者層を想定して文章を書いて欲しいと依頼を受けた。そのような依頼を受けて、いざ自分の年齢を振り返ってみると、これは結構微妙なところがある。

三五歳というのは、実は、先般、安室奈美恵嬢と結婚したサム氏が（サム氏というのもなんだが、私は目下、彼の本名を知らないのである）私と同年齢で、だから私が二十歳《はたち》の娘、たとえば、うちの二十歳の劇団員との間に子供をもうけて結婚するといったことを考えると、事態はますます深刻になってくる。

三五という歳については、逆のことも当然考える。芥川龍之介も正岡子規も、この歳で死んでいる。彼らのやり遂げた仕事を思い、いまの私のていたらくを考えると、なんだか目眩《めまい》さえしてくるではないか。

死んだ子の歳を数えても仕方がないのと同様で、夭折《ようせつ》した作家の歳を想って、自らの才能のなさを嘆くことほど愚かしいことはないのだが、これは文筆を生業《なりわい》とするものの性《さが》らしく、たとえば坂口安吾でさえも、以下のような文章を残している。

私はそのころラディゲの年齢を考えてほろ苦くなる習慣があった。ラディゲは二十三で死んでいる。私の年齢は何という無駄な年齢だろうと考える。

ちなみに、この『いずこへ』という自伝小説のなかで、「そのころ」と四〇の安吾が回顧しているのは、二九歳のことである。まぁ、おそらく四〇を過ぎるくらいまでは、私にもこの想いは付いて回るのではないだろうか。

さて、よた話はやめて、本題に入ろう。

そういうわけで、三五歳のサム氏、いや、サム氏では、どうにも落ち着きが悪いので、さっそくインターネットで検索したところ、サム氏の本名は丸山正温《まさはる》氏と判明。で、この丸山氏と安室さんの間に、年齢の差を超えて対話は成り立つのかというのが、今月の課題である。

といっても、すでにテレビでの結婚会見の様子などを見ると、安室さんというのは大変しっかりとなさっていて、別に私ごときが、とやかく心配することもないようだ。俗に言うコギャルたちも、安室さんほどにしっかりとした言葉を喋《しゃべ》れば、世間の視線も、もう少し和らぐだろうに。

安室さんは決して、

「っていうか、アムロ、赤ちゃんもできちゃったしぃ。二人とも、LLPにあふれてるっていうか、いま、もう、ラブラブライフだからぁ」

なんてことは言わないのである。ちなみに、「LLP」とは、ラブラブパワーのことである。話には聞いていたが、私は先日、井の頭線のなかで実際にこれが使われているのを初めて聞いた。

若者の言葉が、中高年にとって理解しがたいという現象は、決していまに始まったことではない。世代間の相互不理解や相互不信、そういった見えない言葉の壁はいつの時代にもあったのだろう。いや、それでも、昨今のコギャル語は限度を超えているだろうと、内心お怒りの読者諸兄もいるかもしれない。たしかに、手近にある若者言葉を集めた辞書や雑誌をパラパラとめくってみると、世の中はすごいことになっているのである。

「わけわかめ」「チョベリピ」「ヘルちゅう」「ありござ」「ナルお」

とまぁ、サムじゃなかった、丸山氏と同年齢の私でも、ちっとも判らない単語が並んでいるのである。ちなみに、これらはそれぞれ、「わけわかんない」「超・ベリー・ハッピー」「ヘルメットを被って自転車通学する中学生」「ありがとうございました」「ナルシストの男の子」という意味になるらしい。

だが、まず第一に、本当にいまの女子高校生たちが、こういった言葉を普通に使っているのかという疑問がある。よく言われることだが、彼女たちはたいへん手際よく言葉を使い分ける。たとえば、実は私は、高校演劇の大会の審査員として岡山に行っていたのだが、このような場で高校生から、講評のあとに、

「ありござ」

なんて言われることはないのである。また同世代間でも、他校の生徒との会話だと、もうこういった隠語のような言葉は、あまり使われていないようだ。つまり、極端な新語、造語は、ごく親しい仲間うちでの会話のみに使われているらしい。

だから、満員電車のなかで女子高校生たちが意味不明の会話をしていて、それが多少耳障りでも、外国人が話しているのだと思って聞き流すしかないのである。そうすれば、決して、彼女たちは、あなたに危害を加えることはない。

話の意味が通じないと困る状況では、彼女たちは、しっかりと言葉を使い分ける。

だから、先に掲げたような意味不明の単語を他者との対話に使うということは、本来滅多にないはずだ。それでも、「判らない」と世のオジサンたちが感じてしまうのは、ひとつには消費社会の急激な変化が背景にあるのではないかと私は考えている。

これは、私の予測に過ぎないのだが、どうも、オジサンが判らないと感じる単語の大半は、実際に、それが新しい製品やシステムで、その表現方法がまだ定まっていない単語や固有名詞が多いのではないか。たとえば、「ゲーボ」「モスバ」「マッキヨ」「エーピー」「サーチ」「ピッチ」などである。

ちなみにこれらは、「ゲームボーイ」「モスバーガー」「マツモトキヨシ」（ご存じとは思うがタレントの名前ではなく薬屋の名前）「ａｍ／ｐｍ」（コンビニエンスストアの名前、「アンパン」と呼ぶ地域もあるらしい）「ベルサーチ」（高級ブランド名、「ベルサチ」と呼ぶ例も）「ＰＨＳ電話機」のことを指す。

私自身、二十歳前後の人と話をしていて、「え、それ、何？」と聞き返したり、あるいは聞き返さないまでも違和感を感じたりするのは、たいてい、この手の固有名詞である。これは、もう仕方のないことであって、私たちはそういった変化の激しい社会に生きているのだと納得するしかない。

というわけで、「コギャル語ニハ実害ナシ」とひとまずの結論は出たわけだが、事態はやはり、そう単純ではないだろう。

数年前、私が演出をして、高校生だけを集めて芝居を創るという企画があり、そのためのオーディションを行った。オーディションはワークショップ形式で、集団創作などを通じて各自の個性を観ていくやり方を採っていた。

このオーディションの合格者に、素敵な姉御肌の子がいて、私はこの子を学級委員の役に指名したのだが、さて、この子との面接が面白かった。ワークショップのときの気っぷのよさはどこへやらで、応対がバカ丁寧、「はい」「はい、そうですね」「そういたします」といった受け答えばかりなのだ。

「なんで今日は、そんなにおとなしいの、緊張してるの？」

と尋ねたら、

「バイト先の癖で、目上の人と喋るときには、どうしてもこうなっちゃうんです」

と言う。詳しく聞くと、彼女はファストフードの店で長くアルバイトをしており、そのうちに、他人と会話をするときには、その店の接客マニュアルの通りに喋る癖が付いてしまったらしいのだ。

先にも記したように、コギャル語は徹底して閉じた言葉である。もはやそれは、仲間であることを確認するための符号のようなものだと言ってもいい。ある言語学の調査では、キャンパス言葉やコギャル言葉を知っている若者ほど、社交的でリーダー性が強いといった報告も出ているから、そのことを一概に断罪もできないだろう。

現代日本の若者は造語能力に優れ、またTPOによって使う言語を切り替える能力も有している。だが、そういった能力に比して、他者との対話がマニュアルに支配されてしまったり、あるいは無理に敬語を使おうとして混乱したりしてしまうのは何故だろう。

彼/彼女らの、新しい感性を対話へと結びつける技術が不足しているのだ。

だが、その技術をもっとも希求しているのも、現代の若者たちなのだと、ここだけはいささか断定的に、いまどきの若いもんの肩を持ちたい。新しい豊かな表現は、いつもこうした混沌《こんとん》のなかから生まれてくるはずのものだから。(一九九七年一一月)

過ぎたるは及ばざるがごとし

芝居の稽古が終わって、階下の劇団事務所に降りていくと、制作の女の子が、

「オリザさん、小学館の『本の窓』の編集部から電話がありました。今月は年末調整なので、早く原稿を書けとのことです」

とまぁ、これは年末調整ではなくて年末進行の誤りなのだが、目下、彼女は劇団員たちの年末調整の計算で頭が一杯なのである。

この文章が活字になる頃には、新年の気分も、まったくどこかに行ってしまっているのだろうが、当方は、出版界の悪習である「年末進行」とやらに追いまくられて、這々《ほうほう》の体《てい》なのである。だが、終わらない仕事がないのと同様に、暗い事件ばかりだった一九九七年も、それでも、どうにか終わっていくのだろう。そこで、今回は、過ぎゆく一九九七年の言葉を振り返ってみよう。

数日前に、この一年を代表する流行語が発表された。「失楽園」が大賞に選ばれたそうだが、これは流行語か、どうか。「失楽園する？」なんて会話が、オフィスで本

当に交わされたとは、とうてい思えないのであって、こういうマスコミが捏造《ねつぞう》した流行語が大賞に選ばれるのは、いかがなものかと思う。流行語大賞の選者の見識を疑うところである。

私が九七年に一番印象に残った発言は、なんといっても、佐藤孝行前総務庁長官の「過ぎたるは及ばざるがごとし」だ。佐藤氏は、ロッキード事件で有罪判決を受けたわけだが、総務庁長官就任時に、その「過去」を問われてこの発言をした。過去のことは忘れようという意味だろうか？　まったく意味不明の迷言だった。

人間、誰しも間違いはある。言い間違いを一々揚げ足を取るのは、よろしくないのだが、この人の場合は、いささか事情が違う。過去の自らの過ちについて、普通の見識があれば素直に反省の弁を述べるところを、見当違いの言い間違いをしてしまったので話が複雑なのである。揚げ足を取るのはよろしくないが、あまりに驕《おご》り高ぶった態度の人が言い間違いをしたときには集中砲火を浴びるし、そのことに誰も同情しないという典型であろう。

政治家の会見といえば、最近、どうもいただけないのが、三塚博大蔵大臣と、松下康雄日銀総裁（まぁ、この人は政治家ではないけど）である。この不景気のなか、二人は、極端に記者会見がへたなために、必要以上に国民の不安感をあおることになっている。

おそらく三塚氏あたりは、老練な政治家であるから、少なくとも「不特定多数」に向かって喋《しやべ》る「演説」は得意だろうし、またごく親しい派閥の内部での「会話」は、もっと得意なのだろうが、「特定多数」を相手にする「談話」となると、からきしいけない。原因は、官僚の書いた原稿を読みながら、最後にだけチョコチョコと顔を上げる点にある。これでは、聴衆の顔色をうかがっているようにしか見えない。

近頃は内閣の人気も長期低落傾向にあるが、それでも橋本龍太郎氏が踏ん張っているのは、彼の「談話」が、上記の二氏よりは、多少ましだからだとさえ言える。少なくとも彼は、同じ官僚原稿の棒読みでも、話の始めには記者席の方を向き、また、談話の節目節目で会場を見回すだけの技術は持っている。

「談話」を成功させるコツは、ここにある。まず、少なくとも話し始める際には、対象を落ち着いて見据えること。例えば結婚式のスピーチでは、まず、新郎新婦に向かってお祝いの言葉をかける。しかるのちに、参列者に向かって、ゆっくりと話し始める。できれば、少し低めの声で、穏やかな話しぶりがいい。職場で部下に訓辞を述べるときなども同様である。たとえ原稿が用意してあっても、それを最初から読むのは決してしてはならない。それは「談話」ではなく、「朗読」である。

話は別だ。

「談話」は、この連載の中心課題である「対話」と並んで、日本人のもっとも苦手とするジャンルである。ただ、対話の能力は誰にでも必要だが、誰もがスピーチをうまくこなす必要はないわけで、だから事を荒立てる必要もないのだが、政治家となると話は別だ。

総理大臣最後の記者会見で、「新聞記者は出て行け」といった佐藤栄作氏などは、談話ができない政治家の典型である。もう少し判りやすい例で言えば、田中角栄氏を思い浮かべていただくといい。

田中角栄氏は歴代の宰相のなかでも、もっとも演説のうまい政治家だった。「上杉謙信が天下を取っていれば」と大上段に語りかける彼の演説に、日本海側の住人だけでなく、日本中の地方在住者と地方出身者が熱狂した。また彼は、日常会話の達人でもあった。選挙カーを降りて、農家のおばあさんたちに「やぁ、やぁ、今年の米の具合はどうだい?」と話しかける彼の姿に、多くの農民たちが興奮し、人々は彼を庶民宰相と呼んだ。

だがしかし、田中角栄氏が、一市民と対等な関係を切り結んで対話をしている姿を想像することはできるだろうか。あるいは、アメリカの大統領や報道官よろしく、記者たちの質問に、ウイットを交えながらも的確に答えていく姿を想像することはできるだろうか。

日本の多くの政治家は、選挙カーからの「演説」と、後援会での「会話」は得意だが、「談話」や「対話」は苦手である。私が見聞したなかでは、現存する政治家のうちで、曲がりなりにもこの能力を有しているのは、橋本大二郎高知県知事と大田昌秀沖縄県知事の二人のみである。

念のために書いておくが、私は、この二人の政策が特に優れていると言っているわけではない。ここでは、ただ、対話の能力を問題にしているのだ。とはいえ、二人の県知事が、地元の圧倒的な人気を得て、その人気を背景に県議会をねじ伏せ、日本国政府にことごとく反旗を翻《ひるがえ》しているさまは爽快ではある。二一世紀の政治家には、対話と談話の能力がいかに重要かを、明確に示唆する現象だ。

ちなみに、大田氏は九七年、特措法（駐留軍用地特別措置法）の国会通過に際して、「日本にとって沖縄とは何なのか問わざるを得ない」という名言を残している。これを私は、今年の名言として推したい。

さて今年の発言のなかで、日本人の談話べたを示した象徴的な事例は、かの山一證券自主廃業決定の際の、野沢正平社長の涙の会見だろう。「悪いのは私たちです。社員は悪くありません」と語る泣き顔は、世界中に放送されたらしいのだが、これはもう、完全に「談話」ではなく「会話」、いやそれ以下の「反応」「独り言」のレベルである。これは、人格と人格をぶつけ合う「対話」や「談話」では、決して行ってはならないものだ。

たとえば、この涙が、「うちの社員をどうかお願いします」と知り合いの会社に頼みに行った先で、知己の社長とのプライベートの席で流されたものなら美談にもなっただろう。だが、「談話」の席でこれをやっちゃいけない。野沢社長は、無駄な涙を流した。

似たようなタイプで損をした人に、前ペルー駐在大使の青木盛久氏も挙げられるだろう。例の煙草をプカプカやっての会見は、何がなんだか見ている方にもつかみどころがなかった。青木氏と記者、あるいは、青木氏と私たち視聴者との距離が、彼自身にまったくつかめていなかったからだ。

青木氏は生粋《きっすい》の外交官であるから、当然、対話の能力は持っていたのだろう。だが、いかんせん、聴衆の雰囲気を見極めるという談話の技術がなさ過ぎた。彼は、対話能力があって談話能力がないという、極めて珍しいタイプの日本人だと言える。これは日本の外務官僚の特徴なのだろうか。いやいや、数ヵ月の監禁生活直後の人間に、そこまで言うのは酷かもしれないが。

さらに九七年、談話がへたで損をした日本人の最右翼は、なんといっても、ニューヨークヤンキースの伊良部秀輝投手だろう。
「あんたらはイナゴと同じや。おいしい田んぼを見つけては集団で群がり、すぐにいなくなるイナゴや」（『日刊スポーツ』九七年六月一一日）

とまぁ気持ちは分からなくもないが、マスコミとプロスポーツ選手は、持ちつ持たれつのところがあるのだから、それを言っちゃあおしまいよという感じである。伊良部氏はまた、「おまえたちに、ミケランジェロの心境が分かるか」と言ったそうだが、これはなんだか、「過ぎたるは及ばざるがごとし」にちょっと似たところがある。「おいおい、ちょっと待てよ、おまえには分かるんかい」と日本中が突っ込みを入れたくなるところが似ているのだろうか。

談話の難しさは、聴衆の意識が非常に高い点にある。言い間違いが許されない。そこで話者は逆に緊張して、思わぬことを口走ったり、自分でも予期していなかった行動に出てしまうことがある。

故に、スピーチなどの上達に特効薬はない。緊張に慣れ、たしかな技術を蓄積していく以外に道はない。

（一九九七年一二月）

なんでやねん

サッカーの高校選手権全国大会に我が母校都立駒場高校（私は定時制高校を、しかも中退しただけだが）が出場した。勝てば都立高校としては四六年ぶりの勝利だったのだが、一回戦、惜しくもＰＫ戦で敗れ去った。残念無念である。

まぁ、そんな私事はどうでもいいのだが、同日（九七年の大晦日）、同じ高校選手権、仙台育英高校対山城高校戦で、（京都）代表の山城のＤＦ（ディフェンス）和田卓士（2年）が審判の判定に『なんでやねん』と関西弁で異議を唱えて、退場処分を受けた（『日刊スポーツ』九八年一月一日）という記事があった。

『日刊スポーツ』は、「和田は『異議のつもりはなかったのですが、思わず〃なんでやねん〃と言ってしまった。関東の人には関西弁はきついんですかね。（後略）』とシヨンボリ」といった感じで、和田君に同情的である。

試合を観ていたわけでもないので、審判の判断の善悪は判らないが、それにしてもこの記事には、ちょっとおかしいところがある。

まず、「なんでやねん」は、相当に乱暴な言葉であって、これを本当に言ったのなら同情の余地はない。東京弁に直訳すれば、「どうしてだ?」、まぁ、百歩譲っても「どうして?」といったところだろう。これを高校生が審判員に向かって言ったのなら、退場(正確にはイエローカードを出され、その累積で和田君は退場となった)させられても文句は言えない。

では、東京弁で言うところの「どうしてですか?」に当たる言葉はなんだろう。関西出身の劇団員数名に調査したところ、

「なんでですねん?」
「なんでですの?」
「なんでですか?」

などの答えが返ってきた。私が昨年、一ヵ月間京都で暮らしたときの個人的な印象で言うと、関西弁もテレビの影響を強く受けているので、「なんでですか?」(もちろん、これを最初の「で」にアクセントを置く関西イントネーションで話す)が、若い世代ではもっとも一般的なのではないだろうか。

さらに、この新聞記事の奇怪な点は、和田君へのインタビュー記事が、「異議のつもりはなかったのですが……」とバカ丁寧な標準語で書かれていることだ。さらにさ

らに、驚くべき事に、この記事の構成は、「『なんでやねん』で退場」という大見出しに続いて、「関東の人に関西弁きついんか」という小見出しになっている。いったい和田君は、新聞記者のインタビューに標準語で受け答えをしたのか、あるいはインタビューも関西弁で通し、「関西弁きついんか」というぞんざいな言葉遣いを本当にしたのか。だとすれば、それはもう和田君の日頃の言葉遣いの問題であり、サッカーの問題でもなければ方言の問題でもなくなってくる。

要するに、『日刊スポーツ』の記者は、あまり深く考えず、興味本位でこの記事を書いたということなのだろう。まぁ、スポーツ新聞は、その興味本位というところが魅力でもあるのだから、それは別に構わない。実際、私もその興味本位の記事にひかれて、こうして駄文を重ねているのだから、なにをかいわんやである。だが、もう少し、方言における丁寧表現というものに拘《こだわ》ってみよう。

先にも掲げたように、「なんでやねん」の丁寧表現は、いまのところ、「なんでですねん」「なんでですの」「なんでですか」など、「です」を挟むことによって成り立っている。

多少乱暴な言い方をすれば、方言は標準語に比べて、比較的敬語の体系があいまいである。せまい地域社会では、さほど厳格な敬語体系を必要としなかったからだろうか。

司馬遼太郎さんの『菜の花の沖』で、高田屋嘉兵衛が秋田の船大工与茂平と話をするくだりで、こんな記述がある。

> この時代、土地のなまの言葉は他の土地では意味が通じないのである。このため上方の商人は遠国《おんごく》の商人と話すとき、できるだけ浄瑠璃《じょうるり》の敬語に近づけて物を言う。これに対し、武士は他藩の士と話すとき、狂言の言葉に近づける。

ここでいう「この時代」とは江戸後期のことだが、この現象が実はいまでも続いている。浄瑠璃や狂言、すなわち舞台芸術が一国の言葉の規範の座から追われてしまったのは、演劇人としては残念至極だが、現在のところ、この役割はテレビが担っている。

やたらと「です」を入れることによって、丁寧な雰囲気を出そうというのも、テレビの強い影響だろう。

これに似た事例で面白いのが、野球マンガの名作『巨人の星』における左門豊作の熊本弁である。

「星君、勝負ですたい」

というあの熊本弁は、いまでもテレビのCMなどに使われるほどに定着している。私もつい最近まで、熊本弁と言えば「ですたい」だと思っていた。

ところがである。「ですたい」という言葉は、本来の熊本弁には存在しないのだそうだ。ここからは、一昨年、福岡県大牟田市で人から聞いた話なので、真偽のほどは確かめようがないのだが、この「ですたい」の発祥の地は、熊本ではなく大牟田近辺だそうだ。

福岡と熊本の県境に位置する大牟田市は、ご存じのように、九七年に閉山となった三井三池炭坑のあった街である。官営だった三池炭坑の経営が三井に払い下げになったのが明治二二年。以来、当然のことながら、三井のお偉いさんたちが、管理職として、この街に続々とやってきた。「ですたい」は、その三井の管理職の家庭で働くお手伝いさんたちの間から、自然発生的に生まれたものだというのだ。

こうして生まれた「ですたい」だが、どうも地元では、さほど流布はしていないようだ。試みに演劇の戯曲を調べてみよう。都合のいいことに、小学館の『せりふの時代』九七年冬号に、九州弁で書かれた二つの戯曲が並んで載っている。岡部耕大さんの『決定版力道山』と、松田正隆さんの『月の岬』である。

ともに長崎県生まれの作家だが、年齢は岡部さんは五〇代、松田さんは三〇代である。さて、岡部氏の戯曲には、「たい」が一五個、「ばい」はゼロ個、「ですたい」「ですばい」もなし。松田氏の戯曲には、「たい」が一八個、「ばい」が六個。「ですたい」は一個。松田氏の戯曲に「たい」「ばい」が多いのは、この作品が長崎の離島を舞台にし、登場人物のほぼ全員が土地の言葉を話すからだ。ちなみにただ一度使用される「ですたい」は、長崎市あたりから来た駐在が、地元の人と話すときに出てくるものである。まさに、方言の丁寧化の法則がここでも働いている。

話を戻そう。『巨人の星』における左門豊作の「ですたい」は、おそらく現状から見ても、いささか過剰使用気味である。故梶原一騎氏は、左門の真面目な性格を出すために、「ですたい」を連発させたのかもしれないが、テレビを通じてそれが流布し、熊本弁、九州言葉といえば「ですたい」になってしまったのは問題だ。だいち、私の調べたところ、左門は、独り言を言うときも「ですたい」を使っている。これは明らかにおかしい。

私たちは一般に、方言は、豊かな表現を含んだ言葉だと思いこんでいる。だがしかし、物事には裏表があるのであって、方言はたしかに、閉ざされた濃密な人間関係のなかでは豊かな表現力を持つが、近代的な人間関係のなかでは、その表現に限界が生ずる。たとえば、長崎から来た駐在と島の主婦の会話といった、封建社会ではあり得ない新しい人間関係は、どうしても新しい言葉を要求する。

こうして、都会に住むものから見れば永劫不変の心の故郷のように見えるお国言葉も、急速に変化していく。いや、その変化の度合いは、いまや共通語以上だろう。

最近の風潮としては、過去の極端な標準語至上主義の反動からか、方言を守れというのが金科玉条のようになっている。ここでは、方言の変化は悪であり、東京偏重の弊害とされる。『日刊スポーツ』が、「なんでやねん」の和田君に同情的だったのも、このような世間の風潮を無意識の背景にしてのことだろう。

だが、方言も生きた言葉である以上、社会の変化とともに、変わっていかなければならない。それを否定することは、結局、方言を古語辞典のなかに押し込めることになる。

いや、それどころか、この新しい人間関係から生まれる新しい方言は、私たちが探し求める「対話のための新しい日本語」のヒントになるやもしれぬ。東京のように、他者と他者がすれ違うだけの街ではなく、いま地方都市では、現代社会を反映した新しい出会いが（そしてもちろん摩擦が）、少しずつ生まれ始めている。ここから生まれる新しい方言の形に、私たちは未来を託そう。

（一九九八年一月）

ヒトとサルのあいだ

今年（一九九八年）の二月は、長野オリンピックの狂騒と、その裏側での、サダム・フセインとクリントンのイラク空爆をめぐる政治的駆け引きという、まさに戦争と平和が錯綜する季節だった。

また、世界を駆けめぐる二つのニュースの狭間で、中学生が女教師をナイフで刺して死に至らしめるという、なんとも救いがたい事件も起きた。「キレル」「逆ギレ」といった若者言葉が、この事件を通じて一気に社会的認知を得た。

なぜ人は、国家を作り、敵対し、戦争を起こすのだろう。国家とは、巨大ななわばりのことである。個人も集団も、なわばりを完全に侵されたとき、「キレ」て、その攻撃性をむき出しにする。

では、はたして人類は、その起源から、強いなわばり性や攻撃性を持っていたのだろうか。またスポーツや芸術といった行為は、その攻撃性を和らげる二次的手段に過ぎないのだろうか。

日本の霊長類研究の第一人者である河合雅雄先生に、ゲラダヒヒの生態について、お話を伺ったことがある。

ゲラダヒヒは、エチオピア北部の高地にすむヒヒの一種である。

このゲラダヒヒは、進化の系統から考えると、チンパンジーやゴリラといった高等類人猿よりは一段低い位置に属する。だがゲラダヒヒは、類人猿よりも複雑な社会を形成しているのだという。

まず、ゲラダヒヒの家族は、不思議なことに、なわばりを持っていない。なわばりを持たない家族がいくつか集まって、群を構成する。家族と、その上位の集団（例えば村）といった重層構造を持った社会を形成しているのは、霊長類のなかでも、マントヒヒ、ゲラダヒヒと、そしてヒトしかいない。

また、ゲラダヒヒの群には、上下関係もない。群を構成する家族同士は対等で、平等な社会を築いている。二匹で一つの餌を食べるときには、仲良く並んで食べる。二匹の間に上下関係があれば、野生の世界（霊長類を含めたほかの動物の世界）では、そういったことは決して起こらないのだそうだ。

彼らは、なわばり意識がなく、したがって闘争的ではないために、他の種との生存競争に敗れて、海抜三〇〇〇メートルの高地に追いやられたのだろうと考えられている。ゲラダヒヒは、他の種が近づくことのできない断崖絶壁を住みかとし、穏やかに、ひっそりと暮らしている。動物地理学上は、このような種は、「残存種」と呼ばれる。適者生存という観点から考えれば、残存種は、進化の敗残者ともいえるだろう。

意外に思われるかもしれないが、凶暴、獰猛《どうもう》に見えるゴリラもまた、なわばり意識がなく、そのためにアフリカ中西部のわずかな森林に追いやられた残存種の一つである。しかし、これらの残存種を、ただ単に敗残者として無視していいものかというのが、河合先生の論の核心なのだ。

ゲラダヒヒとて野獣であるから、小さな衝突がないわけではない。しかし、他の猿なら、衝突の際には、順位の上のものが下のものを追っかけたり、威嚇《いかく》したり噛《か》みついたりという行為が一般的だが、ゲラダヒヒの場合には、暴力は使わずに、なだめたりすかしたりして、どうにか物事を丸く納めるのだという。直接攻撃性をぶつけ合うのではなくて、相手の攻撃を事前に回避したり、攻撃性を和らげて寛容な仲間関係を作り、集団を維持していくことに長《た》けているのだ。

また、この非暴力主義は、群の内部だけではなく、外部に対しても示される。大きな群同士が偶然出会い、互いに何事もなかったかのように融合して悠々と餌を食べ合っている姿は、感動的でさえあるという。

すなわちゲラダヒヒは、家族、群にとどまらず、こうして一時的にではあるが、いくつかの群が集まってできるさらに大きな地域共同体とでもいうべき「社会」までもを形成するのだ。

この特異な集団形成を可能にしているのは、ゲラダヒヒの言語能力である。言語能力といっても、人間のそれと単純には比較できないが、声、表情、身振り手振りが大変複雑で、見ていて少しも飽きないのだそうだ。

ゲラダヒヒに関しては、三〇種類以上の音声が観察されている。また、色々な意味の音声を単独で発声するだけではなく、それを組み合わせて使用していることも判ってきた。これも、他の霊長類にはない驚くべき特徴といえる。

力による支配が一般的な他の猿の社会では、細かいコミュニケーションのための言語は必要とされない。相手を威嚇するための叫びや、服従を示す鳴き声だけで事足りる。だが、ゲラダヒヒのような重層的で平和な社会を築くためには、どうしても複雑な音声コミュニケーションが必要とされたのだろう。現にゲラダヒヒの持つ伝達メッセージのなかには、他者を安心させる、なだめる、懇願するなどの曖昧《あいまい》な表現が多く存在する。他の猿のコミュニケーションが、喜怒哀楽といった激しい感情表現のレベルに止まっているのとは大きな差異がある。

繰り返すが、ゲラダヒヒは、進化の系統の上からは、チンパンジーやゴリラに比べて、ヒトから遠い存在である。だから、なぜゲラダヒヒのみが、このように特殊な社会を形成し、また特殊な音声コミュニケーションを獲得したのか、突き詰めたところは判らない。ただ、平和的で複雑な社会がコミュニケーションの高度化を要請し、また逆にその高度化が、より一層複雑な社会の形成に寄与したことは確かだろう。

さて、「キレル」という言葉が、なんともやるせなく、不愉快なのは、通常の精神状態とキレた状態の間に、なんのつながりも見いだせないからではないだろうか。ゲラダヒヒ以上に複雑な音声コミュニケーションの手段を獲得している私たちヒトは本来、キレル前に、すねたり、いじけたり、ちょっと苛《いら》ついたり、涙目になったり、様々な感情の表現方法を持っているはずだ。感情の表現が単純で、すぐに暴力行為に及ぶとすれば、それはヒトが獣と等しい存在だということになってしまう。

こういった事件のあとでは必ず、「子供は何か信号を発している」という識者の意見が新聞を賑《にぎ》わす。もちろん、そういった側面もあるだろうし、その信号を見つけるのが、これまでの教育者の大きな仕事のひとつであったのも事実である。

だが、この信号を発しない子供たちが増えているとしたらどうだろう。

いや、明治以降、日本の学校教育は、この信号を消し去る方向にのみ働いてはいなかったか。富国強兵を終極の目的とする戦前の教育では、不言実行か、あるいは目的にかなった表現や行動が賛美された。敗戦後、高度経済成長下の教育では、情報の処理と伝達のスピードだけが課題となった。ここでもまた、表現は、意味の正確な伝達を主眼とした。戦前戦後一貫して、教室では、曖昧なものは悪とされ、負とされた。

戦後、地域社会に取って代わった企業という集団でもまた同様の事態が起きた。生産の場である企業においては、明確な言語だけが要求され、曖昧なもの、抽象的な表現が排除されてきたのは当然のことだったのだろう。

だが私たちは、時代の大きな曲がり角にたって、価値観の転換を迫られている。表現の形態、表現という言葉の持つ意味も、時代とともに変わらざるを得ない。これからは、明確な情報の伝達よりも、曖昧な感情や気分や感性をいかに表現するかが重要になってくるだろう。知識や、小手先の話術ではなく、身体から出てくる微細で多様な表現が、すなわち全人格が、コミュニケーションの優劣を決定する要素となり手段となる。

まず、平常心と「キレル」のあいだの、様々な表現、様々な表情を探そう。そして、それを認め合おう。地球上で、ゲラダヒヒと、ヒトしか持っていない、この曖昧な表現こそ、いま、日本人がもっとも必要とするものなのだから。

河合先生は対談の最後に、自らゲラダヒヒの鳴き声を真似して下さった。

「オウオウ」

「ウグウグ」

「グニャグニャ」

「グワーグオー」

と、様々な声音《こわね》を、先生は、本当に楽しそうに、一つひとつ説明しながら、聞かせてくれた。

それ以来、戯曲の執筆に行き詰まると、私はひとり、パソコンに向かって、「オウオウ」「ウグウグ」と、声にならない声をあげてみることにしている。私の台詞《せりふ》は、ただ意味を伝えるためだけの言葉になっていないかと、自戒を込めて、私は、深夜、曖昧な声をあげ続ける。

（一九九八年二月）

単語で喋る子供たち

韓国演劇協会前会長の林英雄先生が来日されて、旧交を温める機会があった。「韓国も不況で大変ですね。スポンサーが減ったんじゃないですか」と私が尋ねると、「いや、演劇界はもともとＩＭＦだからね。初めから、みんな借金だらけなんだから、あまり変わりないんです。いまの方が、健全になったくらいです」と林先生は、いつもの笑顔である。

面白いなと思ったのは、「不況」「不景気」という言葉のかわりに「ＩＭＦ」という単語が直接使われている点で、これはその後も何度か、林先生の会話のなかに出てきたので、韓国では相当に定着した言い回しなのだろう。日本でいえば、あの過熱した「好況」のことを、「バブル」と呼ぶようなものだろうか。

韓国の恐慌は対岸の火事ではなく、我が日本も大変なことになっているわけだが、演劇界がさほど影響を受けないというあたりも事情は同様である。大きな劇団なら、企業がスポンサーから降りてしまうなんてことも出てきているのだろうが、初めから後援などつきそうにない地味な芝居をやっている我が劇団には、不景気もあまり関係ないのだ。

それでも若い劇団員たちは、割りのいいアルバイトが少なくなって、多少苦労しているかもしれない。まぁ、イベントのスタッフで一晩数万といったバイトがあったバブルの時代の方が異常だったわけで、こちらも仕方のないことと考えねばなるまい。

一〇代から二〇代にかけて、私もアルバイトに明け暮れた。住み込みの新聞配達や肉体労働もしたし、パン屋でドーナツを揚げていたこともある。芝居の裏方、照明や音響の手伝いで日銭を稼いだ時期もあった。舞台監督もいくつかやった。こういった舞台の裏方の経験は、いま芝居の演出をやる上で、随分と役立っている。舞台を作家や俳優の側からだけではなく、色々な側面から見ることができるようになったと思う。

大学時代からいちばん長くやったのは、国語や英語の家庭教師だった。多いときには三軒掛け持ちで、大卒の初任給を超えるほどの金額を稼いでいたので、就職などする気がさらさら起きなかったのも無理はない。

家庭教師の仕事は、子供に何かを教えるとともに、逆に様々なことを私にも教えてくれた。

親が家庭教師をつけるような子供は、塾などでは成績が上がらない、どちらかといえば引っ込み思案な性格の子供が多い。子供たちと接して、まず初めに感じたのは、彼らのボキャブラリーの少なさだった。

ほとんどの子供が、単語でしか話さない。

単語でしか話さないとはどういうことだと思われるかもしれないが、要は、子供たちの発言が、文章の体をなさないということだ。もちろん、国語が苦手な子供たちなのだから、ある程度は仕方ないことだが、どの子もどの子も、名詞をポツリポツリと話すだけなので、いつからか、これは変だぞと思い始めた。

たとえば、家庭教師の初日。子供と打ち解けようと、様々な話を試みる。

「学校の勉強は好き?」

「あんまり」

「好きな科目はない?」

「ない」

「じゃあ、趣味とかは。何か好きなことある?」

「あんまり」

「えっとね、じゃあ、野球は見る、プロ野球?」

「見る」

「へー、どこのファン？」

「巨人」

「巨人か、巨人の誰が好き、誰のファン？」

「原選手」（これは八〇年代の会話）

おしなべて、一〇代の男の子というのは、シャイで、人見知りが激しいものだ。だから、あまり話さないということ自体は、ここでは、さほど問題ではない。だが、彼らの抱えている言葉の問題は、ちょっと違うところにあるのではないかと私は考えたのだった。

彼らが単語でしか話さないのは、単語だけを話せば周囲がそれで理解してくれる環境に育ったからではないだろうか。ケーキが欲しいときに、「ケーキ」とだけ言えば、ケーキが出てくる。そんな環境に育てば、誰でも単語だけしか話さなくなるだろう。

私が受け持った子供たちは、一人っ子か、下と歳の離れた長男というケースが多かった。彼らに対して、親が過剰な愛情を注ぎ、「ケーキ」と言えば、ケーキを出してしまうような育て方をしたことは容易に想像できる。よく言われることだが、昔のように兄弟が多ければ、「ケーキ」とだけ言ってのんびり構えていたのでは、ケーキどころか、その日の晩飯にさえありつけないわけで、当然、自己の主張は激しくなるだろう。少子化が、子供のボキャブラリーを少なくしていることは間違いない。

そこで、まず私は、単語でしか話さない子供たちに、ケーキが欲しいときには、「ケーキを食べたい！」と言えというところから教え始めた。

「『ケーキ』とだけ言ったんじゃ、お母さんは判ってくれても、僕には、ケーキをどうしたいのか判らないよ。ケーキをぶつけて欲しいのか、ケーキを焼きたいのか、ケーキを食べたいのか、まず、それをはっきり言おう」

本来、ボキャブラリーを増やすというのは、受験の英単語を覚えるように無機質なものではない。使える言葉を増やし、それに文としてのつながりを持たせることが、子供に表現力をつける第一歩なのだ。それなくして、国語の成績など上がるはずがない。

私のようにだらしない生活をしている人間が、他人の家庭の躾《しつけ》についてとやかく言うのもどうかと思うが、ひとつだけ、言葉に関わる仕事をする者として忠告できることがあるとすれば、この点だろう。一人っ子を持つ親は、心を鬼にして、子供に明《めい》瞭《りょう》な言語を喋《しゃべ》らせるように心がけた方がいい。

家庭で、教室で、会社で、私たちは、どんどんと小さなサークルに囲い込まれ、そのなかでしか通じない記号のような言葉のみを使って生きるように習慣づけられている。一方で、社会は流動化の速度を増し、他者と接触する機会は増えていく。単語だけしか話さない子供たちは、やがて他者と出会い、語るべき言葉のない自分に愕然《がくぜん》とすることだろう。

さて、ここら辺で、鋭敏な読者諸子のなかには、「こいつは、前回とまるで正反対のことを書いているぞ」と訝《いぶか》しむ方もいらっしゃることだろう。たしかに私は、前回、ゲラダヒヒの例をあげて、曖昧《あいまい》さこそが人間の言語コミュニケーションの特徴であり、曖昧な表現をこそ大事にしなければならないと書いた。今回は、明瞭な言葉を喋ろうと書いている。これは、一見、まったく矛盾している。

いや、この連載全体の試み自体が、当初から、矛盾した二つの命題を抱えて出発しているのだ。この矛盾、衝突に関するいささか欲張りな解答を先に書いておけば、それは以下のようになるだろう。

私たちが創り出さなければならない二一世紀の対話のかたちは、曖昧で繊細なコミュニケーションを、省略したり記号化したり、あるいは機能的にするのではなく、そのままの豊かさをかねそなえながら、しかも他者（たとえば外国人）にも判りやすく示すものでなくてはならない。

いったい、そんなことができるのだろうか。いや、できるかどうかではなく、やらなくてはならないのだ。その方法を、私たちは見つけださなければならないのだ。

いま、アジアは、たいへん深刻な不況の波に洗われている。一方で、グローバルスタンダードが声高に叫ばれる。

かつてアメリカが、彼らの民主主義を伝播《でんぱ》させるために、アジアの各地で衝突を起こしたように、九〇年代後半は、ＩＭＦの介入が、アジア各国で波紋を投げかけている。その是非をいま、ここでは問わない。ただ、ひとつだけ確かなことは、民族主義や国家主権と、グローバリゼーションの対立は、最終的には、表現や言語を巡って、もっとも先鋭的に現れてくるだろうということだ。インターネットをはじめとする情報通信網の急速な発達が、その対立に拍車をかける。

アジアにはアジアの表現がある。日本にも、韓国にも、独自の表現、独特のコミュニケーション、固有の言語がある。経済の国際化という波のなかで、談合、腹芸といった封建的な因習は廃さなくてはならないだろう。だが、私たちの伝統的なコミュニケーションのなかにも、必ず普遍的な何かが含まれていると私は思う。おそらくそれを見つけることができれば、二一世紀の新しい対話のかたちが見つかるだろう。

単語でしか喋れない一人の少年が、繊細な表現を獲得すると同時に、明晰《めいせき》で確固としたコミュニケーションを始めること。日本語が、あるいは韓国語やインドネシア語が、その繊細さを保ちながら、普遍的な表現手段として、より高度に言語を発展させていくこと。この二つは、だからいま、私のなかでは、同じ一つの課題となっている。

（一九九八年三月）

「ここ、よろしいですか？」

オーストラリアの劇作家大会に参加するために、妻と二人で、首都キャンベラに一〇日ほど滞在した。イースター休暇中の大学寮に寝泊まりし、午前中は私自身のワークショップ、午後は様々な会議に出席し、夜は朗読劇を見たりシンポジウムに出席したり、まことに充実した精力的な日々だった。

ワークショップでは、演劇学校の生徒や大学院生を相手に創作の講座を行った。英語でのワークショップは初めてのことなので、ずいぶんと緊張したのだが、さすがに演劇学校の生徒だけあって覚えが早く、思っていた以上にスムーズにことは進んだ。

だが、当然、演劇のワークショップだから、文化の違いにも直面する。たとえば、私のワークショップではよく、知らない人に話しかけるというシチュエーションのドラマを作る。汽車のなか、四人掛けのボックス席で、まず二人で話をしているところに、見ず知らずの一人がやってくる。

「ここ、よろしいですか？」

「どうぞ、どうぞ」

「すいません」

「いいえいいえ」

　そして、なんともいえない沈黙。さらに、沈黙から、ぎこちない会話が始まる瞬間。その短い時間を、丁寧に演じてみるわけだ。

　もちろん、うまく演じることができる人もいれば、できない人もいる。「ぎこちない会話」がぎこちなくなるというのも変な話だが、みょうに力が入ってしまったり、あるいは、やたらと馴《な》れ馴《な》れしくなってしまったり、なかなかちょうどいい加減というのが難しい。ここで日本の講座ではひとつの質問を試みる。

「皆さんは、汽車のなかで、他人と乗り合わせたときに、自分から話しかける方ですか、話しかけない方ですか？」

　最近は、汽車での長旅が少なくなった。かつては、ボックス席に乗り合わせた者同士が会話をするのは普通の風景だったが、横並び座席の新幹線では、誰もが自分の仕事や読書や睡眠に忙しい。それでも、という条件付きで、例えば三時間以上の長旅や、あるいは海外に行く飛行機のなかなどで、向かいや隣に座った他者に話しかけるかどうかと問うてみるわけだ。

一般社会人向けのワークショップの場合、「たいてい話しかける」「話しかけないと気詰まりでいやだ」という人が二割弱。逆に、「まず自分からは話しかけない」という人が四割弱。あとの四割強は、「場合によって話しかける」という人になる。

場合によってというのは、まぁ、男性ならば、素敵な女性が目の前に座るとか、そういった類。他には、相手が何か自分に興味のあるものを持っていたりする場合。これは、ワークショップのなかでも、たとえばプロレス好きの人ならば、向かいに座る人にプロレス雑誌を持たせて、

「プロレス好きなんですか？」

と会話を始めさせる。何もないところから他人に話しかける演技ができなかった人も、これならたいていは、うまくいく。

さて、高校演劇を対象としたワークショップでも、同じ質問をしてみる。すると今度は、「話しかける」の比率が極端に減って、よくて一割くらいになる。「話しかけない」という比率は、四割程度になる。「場合によって」がやはり多数で五割ほど。

人生経験の差もあるだろう。また、この年頃はシャイな子も多いから、当然といえば当然の結果だろう。だが、高校生、一般を通じて、若い人ほど他人に話しかけないという傾向も見て取れる。これは、交通網の発達など社会情勢の変化の結果なのか。

それとも日本人と日本語の変化の兆しなのか。

オーストラリアに話を戻そう。

このクラスでも、やはり同じ質問を試みてみた。返ってきた答えの比率は日本の同世代とほぼ同じだったが、そのあとの議論が面白かった。「人種や出身階層によっても大きく違ってくるのではないか」と生徒たちは答えた。さすがに多民族の国である。私もそういった答えは、ある程度予想していたので、日本の高校生などの例を話したあとに、続けて、こんな話をした。

「そうだね、他人に気安く話しかけるかどうかは、文化背景によっても、ずいぶん異なってきます。僕の経験で言うと、アメリカ人なんかは比較的話しかける方じゃないかな。それから、よく言われるのは、イギリス人の男性は、マナーとして決して話しかけないらしいね」

ひとりの学生が、我が意を得たりと答える。

「そうそう、僕はイングランド出身だからよく判る。イギリス人は、視線を合わせようともしないんだ。背筋をピンと伸ばして、そっぽを向くんだ」

いや、まぁ、イギリス人の皆が皆、人見知りかどうかは知らないが、英国紳士にとって、紹介されない相手に無闇に話しかけるのは、礼儀に反することのようだ。

では再び、日本人はどうだろう。私は、日本人というのは比較的、話しかけるタイプの民族なのではないかと思っている。

旅先での他人との会話となると、たとえば、すぐに思い浮かぶのは、清水の次郎長一家、森の石松の、三十石船での会話だろう。金毘羅《こんぴら》参りの帰り道、乗り合わせた船のなかで親分を誉められた石松が調子に乗って、

「飲みねぇ、飲みねぇ。寿司を食いねぇ」

「江戸っ子だってねぇ」

「神田の生まれよ」

と酔っぱらう例のくだりである。だが、これは、汽車のなかではなく船中であり、ちょっと同列には扱えない。たとえ英国紳士でも、豪華客船のなかでは他人とも会話を交わすだろうし。

少し下って、汽車の時代になる。ここで思い出されるのは、なんといっても夏目漱石『三四郎』の冒頭ではないだろうか。

主人公小川三四郎は、熊本の旧制高校を卒業して東京の帝国大学へ入学する、その汽車のなかから物語は始まる。まずはじめに、乗り合わせた女との会話、

「名古屋はもう直《じき》でしょうか」

「そうですね」

「この分では後れますでしょうか」

「後れるでしょう」

「あんたも名古屋へ御下《おお》りで……」

「はあ、下ります」

これだけの会話から始まって、数時間後には、名古屋の宿で、二人は同室に泊まることになる。小説の上での企《たくら》みなのか、はたまた、明治四一年というのは、そういう時代だったのか。

さらに翌日、名古屋から東京に向かう汽車のなかで、三四郎は、ひとりの怪しげな人物に会う。風体からして教師らしいが、どうも雰囲気が、つかみ所がない。

「君は高等学校の生徒ですか」

「ええ」

「東京の？」

「いいえ、熊本です。……しかし……」

と二人の会話は、やはりぎこちなく始まっていく。新橋―神戸間が、急行で一五時間あまりもかかった時代だから、その間、乗り合わせた人に対して、ずっと黙《だんま》りを決め

「ここ、よろしいですか？」

込むというわけにもいかなかったのだろう。やがて二人は、少し内容のある話を始める。その教師らしき男は、かたわらを行き過ぎた西洋人の夫婦を見て、

「ああ、美しい」

「どうも西洋人は美しいですね」

と語り、続けて、

「御互いは憐れだなあ」

「こんな顔をして、こんなに弱っていては、いくら日露戦争に勝って、一等国になっても駄目ですね」

などと言う。田舎者の三四郎は驚いて、

「しかしこれからは日本も段々発展するでしょう」

と弁護する。すると、かの男はすました顔で、

「滅びるね」

と即座に答える。三四郎はますます驚く。三四郎の東京での今後の魂の彷徨《ほうこう》を暗示する見事な導入である。私はバブルのころ、幾度、この「滅びるね」という台詞《せりふ》を胸の中でつぶやいたことだろう。いやいや、こうして『三四郎』の話をし出すときりがないので、再度、話をオーストラリアに戻そう。

帰途、乗り継ぎ便の遅れで、シドニーからの飛行機への搭乗が、ぎりぎりの時間になってしまった。飛行機会社の職員に急《せ》かされて、やけに広いシドニー空港のロビーを走らされ、ぜいぜい言いながら、私たちは、自分の座席にたどり着いた。隣は、日本人の老夫婦だった。私たちが席に着くなり、その夫人が、

「どうも、よろしくお願いします」

と微笑《ほほえ》んだ。

「いえいえ、こちらこそ」

と答えながら、なんだか私は、ほっとしてしまった。旅の楽しみの半分は、人との出会いであるから、できるなら、乗り合わせた他人には声をかけた方がいいと、つくづく思った次第である。

(一九九八年四月)

畳の上では死ねない仕事

この原稿を書いているのは六月の上旬で、まだフランスでのサッカーワールドカップは始まっていない。ちょうど二日前に、代表二二名の最終発表があり、カズがメンバーから外されたことが世間の話題をさらっている。先ほどふらりと入った定食屋でも、カウンターのなかで、おばさんたちが、

「カズはなぁ、入ると思ってたんやけどなぁ」

と熱心に話し合っていた（現在、私の劇団は関西公演中である）。

私は、演出家、劇団主宰者として、常に人を選ぶ側の立場に身を置いている。だから、岡田監督の決断の苦しい気持ちは痛いほど判る。オカチャンの監督としての資質云々《うんぬん》のことはよく判らないが、この決断自体は、問題となる事柄ではないように思う。とにかく、すべては結果によって評価されるものなのだから。

少なくとも、日本で、マスコミや評論家が行っている様々な批判は、そのほとんどが的外れに見える。「決断が遅すぎる」「選手の気持ちを考えていない」という、その

レベルのことは、おそらく岡田さんは織り込み済みだろう。「選手の気持ちを判っていない」という評論家の言説ほど、選手の気持ちを判っていない批判もない。選ばれた側は、選ばれて嬉しいに決まっているのであって、かつて精神的支柱であった一選手が抜けたからといって、さほど動揺することはないだろう。私も劇団を運営しており、主演級の俳優を交代させることもしばしばあるが、では後続の若手が動揺し劇団全体が崩壊するかといえばそんなことはない。多くの場合、先輩を押しのけて役についた若手は、その栄誉と緊張を力として、さらに俳優として大きく成長する。プロというのはそういうものだろう。いや、世の中はそのように世代交代を繰り返していくものなのだろう。

ちょっとサッカーについて書きすぎてしまった。来月、私はワールドカップの関連企画で、フランス政府の招待により、日本の劇作家を代表して渡仏することになったので、サッカー日本代表の件は他人事ではなくなっているのだ。しかし、この連載は、言葉・対話に関することを書くべきスペースであるから、場所柄をわきまえて話題を変えよう。

さて、岡田監督が苦渋の選択を行っていたころ、私も、オーディションという選別と決断の繰り返しの作業を行っていた。

秋の二つの公演に向けてのこのオーディションは、書類審査の一次選抜に、北海道から九州まで四百数十人の応募があり、面接と簡単な台詞《せりふ》読みを行う二次審査では、そのほとんどの人、すなわち四〇〇名弱と顔を合わせた。

五月中旬から旅公演の合間を縫って行われてきたオーディションは、やっと先日二次審査を終え、四〇〇名が、三分の一の百数十名に絞られたところである。来週、大阪と東京で、三次審査があり、さらに六月の最終週に東京で一週間に及ぶ四次審査を行い、こうして最後に選ばれるのは、六名から多くて一〇名程度になると思う。

オーディションというのは、いったいなんなのだろうかとよく思う。私は戦後民主主義教育をたっぷり受けてきた人間であるから、人と人とを選別するということが基本的に苦手なのだ。そして、それはあながち悪いことではないようにも思う。そういうことは、しないで済めば、しないに越したことはない。みんなが平等に、平和で楽しく暮らせれば、それに越したことはないのだ。

だが、演劇を創っていく以上は、そういうわけにはいかない。いや、趣味で、楽しみで演劇を創るのならば、すべての人々を受け入れ、楽しくやっていくことも可能だろう。しかしプロとして、あるいは厳しい意味での芸術活動として演劇を行おうとするのなら、その創作のすべての過程で、様々な選別、選択が必要となる。私は、今回の人生では、そういった厳しい修羅の道を選ぶことに決めたのであって、この点についてはあきらめている。いくら、このことで他人に恨まれようが刺されようが、仕方のないことだと思っている。

とくに二次審査などは簡単な台詞の読みだけの審査だ。たった十数行の台詞を、二度か三度読んでもらっただけで、人間を合格・不合格に振り分けていくのだ。これはまともな作業ではない。あきらめているとはいえ、演出家は、畳の上では死ねない仕事だとつくづく思う。もちろん、四〇〇人も受験者がいれば、その優劣は案外はっきりとしていて、まず初期の審査（＝選別）には、それほど時間はかからない。だがしかし、ではその「優劣」と私が呼ぶものの根拠はなんだろう。いや、もっと端的に、普通の人たちが、役者の演技を見て、「うまい」「へただ」と思う、その根拠はなんだろう。

もちろん、演劇はしょせん約束ごとの世界であるから、そのジャンルごとに「うまい／へた」が存在する。新劇には新劇の、宝塚には宝塚の、そして歌舞伎には歌舞伎の「うまい／へた」がある。女子高生が「キムタクって演技、チョーうまい」と言っても、それはそれで根拠も正当性もある。

だが、まぁ、そういった議論から離れて、私にとって、「うまい／へた」と感じる根拠はなんなのかと冷静に考えてみよう。

オーディションも終盤にきて、受験者とも打ち解けてくると、「いったい、どういう根拠で採用、不採用を決めるのですか？」といった質問を受けるようになる。いつもは、たいてい、「そんなことは聞くもんじゃないよ」とお茶を濁すのだが、少し真面目に整理して考えてみると、私がオーディションで採用する俳優には、三つのタイプがあるように思う。

ひとつは、私に近いコンテクストを持っている俳優。

もうひとつは、コンテクストを自在に広げられる俳優。

そして最後に、非常に不思議なコンテクストを持っている俳優。

さてまず、論を進める前に、ここで使われている「コンテクスト」という言葉を解説しておかなければならないだろう。

「コンテクスト」とは、直訳すれば「文脈」のことであり、「その単語はどういうコンテクストで使われたの？」などというのが一般的な使用法である。だが、言語学の世界では、これをもう少し広い意味で使うようだ。ここでいう「コンテクスト」とは、この広い意味のコンテクスト、一人ひとりの言語の内容、一人ひとりが使う言語の範囲といったものと考えてもらいたい。

まず私たちは、普通、自分がある言葉によって表明した考えや物事は、他人も同じ言葉によって表明すると考えがちである。例を挙げて考えてみよう。

ここに、少し脚の高いちゃぶ台がある。私はいま、ちゃぶ台と書いたが、さて、これを、あなたはなんと呼ぶだろうか。机と呼ぶ人もいるだろう。テーブルと呼ぶ人もいるだろう。こういった一人ひとりの言葉の相違を「コンテクストのずれ」と私は呼んでいる。

たとえば、新婚間もない男性が、その「ちゃぶ台のようなもの」を必要としていて、新妻に、

「ねぇ、あのちゃぶ台持ってきてくれないかな」

と言う。妻は、

「え、ちゃぶ台なんて、うちにないでしょう」

と答える。夫は少しイライラして、

「ほら、あの、ちょっと脚の高い」

「あぁ、あのテーブルね」

「うん、そうそう」

「ちゃぶ台じゃ分かんないわよ」

「ちゃぶ台だろう、あれは。テーブルっていうのはもっと高いんだよ」

「何言ってんのよ。ちゃぶ台っていうのは、もっと全然低いんでしょう」

「違うよ。高い低いの問題じゃなくて、座って茶を飲むのはちゃぶ台なんだよ」

「高い低いの問題を言ったのは、あなたでしょう」

「どうして、そう君は、ああ言えばこう言うんだ」

「あなたの方こそ、何よ。結婚するまでは、もっと私のことを理解してくれたのに」

となんだか夫婦は危機的状況に陥るのである。結婚したことのある人なら、一度ならず、このような経験をしているだろう。これは、人それぞれに、何をちゃぶ台と呼び、何をテーブルと呼ぶかが違うからである。そしてさらに人は、自分がちゃぶ台と呼んでいるものは、他人もちゃぶ台と呼ぶだろうと考えている。これは当たり前のことだ。だって、そうでなければ、私たちは言語によるコミュニケーションを、最初からあきらめなければならないのだから。

こういった一人ひとりの言語の使用法も、広い意味での「コンテクスト」である。

ただ、ここでは、新婚だから問題があるのであって、これが長年連れ添った夫婦だと、こういうことは起こらない。この「ちゃぶ台のようなもの」をどう呼ぶか、家族のなかに、新しい共通のコンテクストが生まれてくるからだ。こうして私たちは、個人を起点に、家族、会社、学校、地域など様々な社会の単位で共通のコンテクストを創り上げ、言語によるコミュニケーションを可能にしている。さらに、その単位を大きくしたものが、「方言」であり、各国固有の「言語」であるといえるだろう。

あぁ、コンテクストの話に熱中しているうちに紙数が尽きてしまった。「うまい／へた」の話は、フランス・ワールドカップの報告と併せて次の機会に。

（一九九八年六月）

コンテクストのずれ

前回書いた通り、ワールドカップ真っ最中のフランスに行ってきた。私の戯曲が初めてフランス語に翻訳されて、フランスの俳優たちによって朗読されたのだった。パリ郊外サン＝ドニ市の、ワールドカップメイン会場にほど近い小さな劇場で、朗読会は静かに始まり、満員の観客から拍手を浴びて、めでたく終了した。とはいえ、私は、フランス語はあまりよく解らないので、自分の書いた台詞《せりふ》であっても、ただ音を聞いているのに等しかった。観客は随所で笑っていたが、いや、はたして、そこは笑うシーンだったかと、自分でもよく判らない有り様で、これは不思議な体験だった。

これもまたおそらく、広い意味での「コンテクストのずれ」のなせるわざだろう。

さて、先回、私なりのコンテクストについての定義を書いたところ、ある方から、あなたの書いていた「コンテクストのずれ」というのは、言語社会学者の鈴木孝夫さんの考え方に、たいへんよく似ていますねというご指摘をいただいた。

いや、これはまさにその通りで、鈴木孝夫氏の著作は何度も読み返し、幾度も引用させていただいているので、「似ている」のではなくて、氏の考え方が、私の言語に対する考え方のひとつの基盤となっているのだ。

というわけで、あらためて鈴木氏の著作を読み返してみると、「コンテクストのずれ」に関する事例が、これでもかこれでもかと挙げられている。

たとえば、「飲む」と「DRINK」の違い。日本語の「飲む」という動詞は、対象の範囲が広い。水も、煙草も、薬も、みな「飲む」で事足りる。ところが、英語の「DRINK」はそうはいかないのであって、煙草は「SMOKE」であるし、薬は「TAKE」だ。スープに至っては、直接カップから飲むときは「DRINK」なのに、スプーンを使うと「EAT」になるというように、不便きわまりない。いや、不便きわまりないというのは、私たち日本人がそう感じるのであって、英語を使う人間は、それで普通に思っているのである。

鈴木氏によれば、「飲む」の本質（鈴木氏は「構造的理解」と呼んでいる）は、「何ものかを、口を通して、かまずに、体内に摂取すること」である。また一方「DRINK」とは、「人の体を維持するに役立つような液体を、口を通して体内に取入れる行為」とでも定義づけられるものである。

こういった構造の違い（これを私は「コンテクストのずれ」と呼ぶわけだが）を無

視して、ただ英和辞典に書いてある単語の意味だけを無闇に覚えても、英語を理解したことにはならないというのが鈴木氏の主張である。

まぁこれ以上書くと、引用の域を越えて鈴木氏の著書の丸写しになってしまうので、これくらいでやめておこう。さらに興味のある方には、『ことばと文化』(岩波新書)など、一連の鈴木氏の著作をご一読いただければと思う。

話を進めよう。

文化の差異、文化を基盤とした価値体系の差異が、コンテクストの差異を生む。これを無視して言語だけを理解したり、あるいは言語におけるコンテクストのずれを無視して異文化を理解しようとしても無駄だと鈴木氏は主張している。

私は、これを一歩進めて、人間一人ひとりにも、大きなコンテクストのずれがあるのではないかと思うのだ。いや、大きなと書いたのは、劇作家としての私の独断で、それは厳密にいえば以下のようになるだろう。

それぞれの文化、それぞれの言語に独自のコンテクストがあるように、あるいは、ある地方、ある方言に、独自のコンテクストがあるように、一人ひとりの使う言葉にも、独自のコンテクストがあるのではないだろうか。同じ母国語、同じ方言を共有する人々にも、微細なコンテクストのずれはある。

もちろんそれは、本来、日常生活をおくる上では、顕在化してこないものだし、そういった「ずれ」はあまりないという前提で、私たちは、家族や会社や学校といった共同体を成り立たせている。ひとは自分の使っている言葉が他人に伝わることを前提として生きている。

だが、演劇を創《つく》っていく上では、この個々人のコンテクストのずれが、重要な位置を占める。なぜなら、俳優というものを、言語の側面から定義するならば、「他人が書いた言葉（＝台詞）を、あたかも自分が話すがごとく話さなければならない職業」だからである。

すなわち俳優という職業には、コンテクストの微妙なずれを、なんらかの形で調整する能力が要求されている。

演劇の現場では、「台詞がうまく言えない」という現象がしばしば起こる。他の人にとってはどうという事のない台詞が、ある特定個人には、どうしても言えないというような現象が往々にして起こる。これは突き詰めて考えていくと、「劇作家の要請通りに言えない」あるいは、「演出家の思った通りに言えない」ということである。

数年前に、オーディションで選んだ女子高生二一人と芝居を創るという企画があった。この稽古場では、私のコンテクストと女子高生のそれとの乖離《かいり》が甚だしく、予想もつかないところで、「台詞が言えない」という現象が、たびたび起こった。たとえば、「帰りにマクドナルドに寄ってかない?」という台詞が、どうしてもうまく言えない。前後の台詞は、普通にナチュラルに言えるのに、こんな簡単な台詞がなぜ言えないのかと思うのだが、よく聞いてみると、彼女たちは、マクドナルドを「マクドナルド」と呼ぶことはないのだと言う。マクドナルドは総じて、「マック」と呼ばれるのであって、だから、この台詞は、「帰りにマック寄ってかない?」ならばOKなのだ。おそらく、これが、関西の女子高生だったならば、「帰りにマクド寄ってかへん?」になったであろう。

彼女たちのコンテクストのなかには、「マクドナルド」という単語がないのである。一方、私は、マクドナルドのことを「マック」とは呼ばない。それは、コカ・コーラのことを「コーク」と呼ぶのと同じくらい、私にとっては気恥ずかしい。

ここに劇作家の苦悩がある。女子高生のコンテクストに合わせて「マック」と書くか。自分のコンテクストを守り通して「マクドナルド」を貫くか(この場合には、私は「マック」と書き直した)。現実の女子高生の言葉にすべて合わせれば、それでリアルになるかというとそうでもない。現実世界のリアルと、舞台におけるリアルには若干の差があって、その見積もり具合を誤ると戯曲の世界が崩壊する。

女子高生らしくと考えて、コギャル語を連発させても、それは、テレビで見るような、「作られた女子高生像」になってしまって、やはりリアルな女子高生にはならないのだ。

大事なことは、「コンテクストのずれ」をまず認めて、そこからコンテクストの接点を見つけだしていくことだ。

この場合は、なかば素人の俳優を使ったので、このような事態が起きたのだが、もちろんプロの役者であれば、「マック」だろうが、「マクド」だろうが、「マクドナルド」だろうが、このくらいの台詞は、戯曲に書いてあれば言ってもらわなければ困るのだ。俳優が他人の書いた言葉を話すということは、すなわち、自分のコンテクストを自在に広げることができるということなのだ。

「自在にコンテクストを広げられる俳優」というのは、先月、私が掲げた俳優の三つの条件の二番目の項目だった。では、他の二つ、「私に近いコンテクストを持った俳優」「不思議なコンテクストを持った俳優」というのは、どういう事柄だろう。これは次回書こうと思う。

（一九九八年七月）

「ネ・サ・ヨ運動」と「ネ・ハイ運動」

コンテクストのずれとは何か？　これまでの議論を簡単に整理しながら、さらに先に進もう。

人間は、それぞれ異なった固有のコンテクストを持って生活している。だが俳優は、その役柄に応じて、別のコンテクストを持った人格を演じなければならない。自分のコンテクストだけで、すべての役柄をやり通すことはできない。もちろんなかには例外もある。たとえば蛭子能収《えびすよしかず》さんなんかは、どの役柄を演じても、やっぱり蛭子さんで、それで生業《なりわい》を立てているのだから立派なものである。まぁ蛭子さんの例は極端だが、高倉健さんなんかも、もちろん演技はしているのだが、やはり何を演じても「高倉健」という感じもしてしまう。これは決して、悪い意味ではない。

強烈なキャラクターを演じてしまったために、他の役を演じても、先の印象の強い役に見えてしまうということもあるだろう。水戸黄門役を長く演じたために、名優東野英治郎は、晩年には、他の役柄をほとんど演じることができなかった。同じく水戸黄門の格さん役だった横内正氏と、風車の弥七役の中谷一郎氏は、同じ俳優座の所属だったが、当時、二人が舞台に立って掛け合いを始めると、まったく関係のないシーンでも客席にどよめきが走ったという。まぁ、これらは、テレビが舞台に与える悪い影響の一面である。

話を元に戻そう。いろいろ例外はあるにしろ、たいていの役者は、王様の役もやれば、乞食の役もやらなければならない。犯罪人の役もやれば、刑事の役もやるものだ。また、様々な地域の出身者を演じることも必要になってくる。いろいろな階層、職種、出身地などのコンテクストの異なった人間像を演じることができなければ、プロの俳優として生活が成り立たない。

そういうわけで、ある程度自由にコンテクストを拡張していける俳優が「器用な役者」と呼ばれて、演出家には重宝されるのだという話を前回は書いたのだった。

だが、このコンテクストのずれという問題は、いささか複雑な要素を抱えている。ただ一律に、コンテクストのずれを俳優の努力で解消すればいいというものでもないのだ。

演劇を創る現場で現れてくるコンテクストのずれとして、前回、マクドナルドの呼称を例に挙げた。私は「マクドナルド」と戯曲に書いたのだが、女子高生は「マック」でなければ台詞として発語できないのだった。

だが実は、こういった名詞におけるコンテクストのずれくらいは、訓練を積めば、どうにでもなるのである。難しいとよく言われるアクセントの矯正《きょうせい》（何に対する矯正かという問題もあるが）も、たいていは、努力によって克服できる。実は、もっとも難しいのは、助詞、助動詞におけるコンテクストのずれである。助詞、助動詞のコンテクストのずれは、日常は顕在化してこないために、演劇現場でもなおさら厄介なものになる（以下の歴史的事実は、私の言語学の師匠である上越教育大学の高本條治氏のレクチャーからの受け売りである）。

かつて、一九六〇年代初頭、「ネ・サ・ヨ運動」というものが東日本の国語教育を席巻した。間投助詞の「ネ・サ・ヨ」を話さないようにするというこの運動は、神奈川県鎌倉市の腰越《こしごえ》小学校を発祥の地とし、遠く北海道にまで広まった一大言語改良運動だった。

腰越小学校の記録によれば、この運動は、

「それでネ　それからネ　あのネ
それがサ　そうしてサ　あのサ
そいでヨ　ああしてヨ　あのヨ

などの、ぎこちない話しぶりをなおしていこうというねがいです」

「ネとサとヨは、単なる間投助詞としてとりあげられたのではありません。人間の関係をこわしてしまいがちな、わるいことばの象徴として考えられたのです」

とある。だが、驚くべきことに、ほぼ同時期に、これとまったく逆の言語改良運動も起こっている。「ネ・ハイ運動」である。

五木寛之氏の小説『青春の門』の舞台となった福岡県嘉穂郡《かほ》。この嘉穂郡の大分小学校で「間投助詞のネをなるべく使うように。返事はハイと言うように」という指導がなされた。私もこの地域の中核都市である飯塚で半年ほど仕事をしたことがある。九州の炭坑町特有の、よく言えば、たいへん活気があり、また味わいのある、そして悪く言えば（東京の人間から見れば）いささか荒っぽい感じのする方言が、いまだに残る地域である。

たしかにこの地域の子供たちは、先生に向かっても、「ハイ」と言わずに「うん」と言う。これは東日本の「うん」ともちょっと違って、かわいい感じで私は好きなのだが、しかし当時は高度経済成長の時代である。中学を出て集団就職で大阪や東京に出ていった子供たちが、職場で上司から何か命令されて、「うん」と答えれば、それは当然殴られるであろう。だから、とにかく、これをまず、「目上の人から何か言われたら、ウンではなくハイと答えなさい」と指導したのだろう。

さらに面白いのは、「ネ」の扱いだ。これは、「タイ」や「バイ」の代わりに、「ネ」を多用しようということなのだろう。おそらく「ネ」を使うことによって、標準語っぽい話し言葉になるという意識が働いたのではないかと思う。

腰越小学校では「人間関係をこわす」とまで言われた「ネ」が、大分小学校では、美しいスマートな言葉の象徴として扱われているのだ。

いまでこそ、テレビの影響で、「ネ」というのは、完全に全国的な間投助詞になっているが、本来は、「ネ」を使わない地域が日本中にたくさんあるはずなのだ。たとえば、関西では、「あのナ、そいでナ、それナ」というように「ナ」を使う。そんな地方から上京してきた言語学者が、はやく東京言葉を身につけようと、必要以上に「ネ」を連発し、オカマさんに間違えられたという笑い話もあるくらいだ。

私は東京生まれの東京育ちだから、「ネ」をほとんど無意識に多用している。多用はしているが、しかし、そこには、ある節度があって、東京の三〇代の男性が「ネ」を使う頻度というのは、個人差はあるが、ある一定の枠内で収まっている。この枠を超えて「ネ」を連発すると、先の言語学者のようにオカマさんに間違えられる。すなわち女性の言葉に近くなってしまうのだ。これは助詞におけるコンテクストのずれの、もっとも顕著な例である。

戯曲の台詞は、基本的に話し言葉として書かれている。そして、私が書く戯曲は、基本的に私のコンテクストをベースにしている。もちろん、劇作家の重要な仕事のひとつとして、「役柄による書き分け」という作業がある。年齢や職種や男女によって、ボキャブラリーはもとより、「ネ・サ・ヨ」の使用頻度なども、ある程度意識的に書き分けてはいる。だがそれは、役柄の上での書き分けであって、俳優の出身地や、俳優個々人のコンテクストに合わせての書き分けではない。

ここでも器用な俳優というのはいて、助詞、助動詞も、だいたいなんとなくうまく使いこなす者がいる。だが私としては、別に器用な俳優が劇団に欲しいわけではない。まずひとつには、とにかく私のコンテクストに非常に近い俳優であれば、それはそれで構わないのだ。これは、言語環境が似ているということもあるが、それ以上に、私が面白いと思っていることを、同じように面白いと思ってくれる感覚の方が重要となるようだ。

もうひとつ、「特異な、非常に個性的なコンテクストを持った俳優」というのもいる。冒頭に挙げた蛭子さんや、高倉健さんの例に近い俳優である。この場合には、その役者のために戯曲を書くという行為が起こってくる。これを私たち同業者の間では、「あて書き」と呼んでいる。「あて書き」は、ただ単に、俳優の個性に合わせて戯曲を書くという行為ではない。実は、そのとき劇作家は、無意識に、その俳優のコンテクストに寄り添う形で台詞を書いているのだ。

俳優は他者を演じるわけだが、しかし、それは、自分の人格からまったく離れた存在を演じているわけではない。だから、「役になりきる」という言葉は正確ではない。人間は、自分のコンテクストからまったく離れたところで、何かを演じるということはできないし、そのような表現はあり得ない。あらゆる演劇作品は、劇作家のコンテクストと俳優のコンテクストのずれと、そのずれの「摺り合わせ」の結果として生まれてきているのだ。

（一九九八年八月）

顔文字は世界を救うか？

この連載は、二一世紀の日本と日本人の新しい対話の形、その可能性を模索しようという大胆な試みである。試みだけは大胆だったが、そんな冒険心だけでは、いささか心許《こころもと》ないので、最初は、まず慎重に、日本の現代社会における対話の不在について、いくつかの例証を示してきた。それに対する私なりの処方箋は、いずれ示すと言いながらお茶を濁してきたので、「こいつは問題だけあげつらって何も解決しようとしていないのではないか」と不審に思われる読者もそろそろ出てきていることだろう。

思わせぶりも長く続けるとイヤミになるので、さて、そこで、いよいよ本題である。これからは、徐々にではあるが、では、この対話のない日本社会に、希望の窓はあるのかということを考えていってみよう。

かつて私は、パソコンのネット上の会話では、些細な誤解からの喧嘩《けんか》が絶えないという話を書いた。ネット上の喧嘩の原因は、本当にとるに足らないことであり、しかもその原因の根本は、会話の内容よりは、それを伝えるための言い回しや表現方法の側にあるのだった。

さて、この問題を語る上で参考になる記事が、九八年九月一九日の『日経新聞』に載っていたのでご紹介しよう。

まず大見出しは次のようになっている。

「ネットに顔文字かっ歩」

続いて、いくつかの中見出し。

「潤うコミュニケーション」

「微妙な感情を表現」

「公式の場には不向き」

顔文字（フェイスマーク）とは、電子メールなどで多用される文字や記号を組み合わせて、顔の表情を表現する絵文字のことである。代表的なものには、別表（94ページ）のような例があげられる。もともとはアメリカで生まれ、表のように横向きで鼻がついていたものが、日本では、正面を向き鼻のない形となって独自に発展した。

以下、顔文字の基本的な用法は、新聞記事から引用しよう。

顔文字は文章の末尾に感嘆符のように付けるのが一般的。「うれしい」と書いたあとで、「バンザーイ」の顔を付ければ、喜びの大きさを表現できるし、「大嫌い」と書いても、最後に「ニコッ」とした顔を付ければ、本心はそうでないことが伝えられる。

たしかに、ネット上でも、いまでは普通に顔文字を見かける。読者諸兄のなかにも、社内メールなどで、若いＯＬの文章に顔文字が付いていて、「なんじゃこりゃ？」と思われた方も多いのではないだろうか。最近は、顔文字の辞書をあらかじめ搭載したかな漢字変換ソフトも多く出ているようだ。

だが、見出し通りに、「ネットに顔文字かっ歩」と言えるかというと、どうだろう。私よりもうすこし若い世代のあいだのネットコミュニケーションでは、もっと頻繁に使われているのかもしれないが、私がよく覗《のぞ》く「演劇フォーラム」あたりでは、「かっ歩」とまではいっていないようだ。

かくいう私も、顔文字は使ったことがない。私がメールをやりとりする同世代のパソコン通信愛好者たちのなかでも、顔文字を使う人は半分にも満たないだろう。この顔文字は、使う人はしょっちゅう使うが、使わない人は決して使わないというところ

:—)	笑顔（アメリカ版）	(⌒_⌒)	笑顔（日本版）	(⌒o⌒)	ニコッ
(⌒_⌒)V	ピース	＼(⌒o⌒)／	バンザーイ	(；_；)	シクシク
(⌒_⌒；)	冷や汗	(?_?)	えっ？	(⌒_—)☆	ウインク
(*⌒_⌒*)	ポッ（照れた表情）	(⌒_⌒)／▯☆▯＼(⌒_⌒)	乾杯！		

主な顔文字

に、ひとつの大きな特徴がある。

結論から言うと、顔文字は、助詞、助動詞の不足を補う働きをしている。日本語の話し言葉には、たいへん多くの助詞、助動詞が使われるが、そのすべてが書き言葉でも使われるわけではない。先回取りあげた「ネ」「サ」「ヨ」といった助詞は、たいていの場合、書き言葉からは省かれる。たとえば会社の企画書に、

「我が社としてはですね、この企画、どうしても通したいんですよ」

などと書いてしまっては、常識を疑われても致し方ないであろう。

だが、電子メールは、「限りなく話し言葉に近い書き言葉」という新しい言語の領域である。一年前にも書いたように、この領域は、これまで劇作家の聖域であった。思っていることを文章にして書くことが難しいように、話すように書くことも難しい。特に日本語の場合、「ネ」「サ」「ヨ」とい

った話し手の意思や微妙なニュアンスを表現する助詞を省略してしまうと、多くが、きつい感じの文章になってしまう。

そこで顔文字が登場し、独自の発展を遂げたのだと私は考えている。

だがもちろん、顔文字が万能なわけではない。いや、それどころか、従来の助詞を書く以上に、誤解を起こす局面も多いのではないだろうか。先の新聞記事でいえば、『『大嫌い』と書いても、最後に『ニコッ』とした顔を付ければ、本心はそうでないことが伝えられる」と書いてあるが、ここで、おいおい本当に伝わるのかとつっこみを入れたくなるのは私だけではないだろう。その本心とやらが伝わればいいのだが、往々にして、人は「大嫌い」の方だけを見て気に病んでしまうものなのだ。逆に、恋人同士が面と向かい合っていれば、「大嫌い」と言ったあとに、キスするなり、抱き合うなり、もう勝手に二人でやってくれればいい。だが、ネット上ではそうはいかない。

この記事の中見出しには、「微妙な感情を表現」とあるが、残念ながら、顔文字が記号であり、書き言葉の一種である以上、話し言葉が持つような微妙な感情表現を、同じように行うことは不可能である。人間のコミュニケーションにおいて、声や表情というのは、私たちが考えている以上に大きな役割を果たしている。

まして、顔文字という、まだ完全に普及しきっていない表現を相手に押しつけて、コミュニケーションを図るというのは危険である。くだんの新聞記事も、そこら辺のことはおさえていて、最後の段落では次のように述べている。

もっとも、いくら便利と言っても、注意は必要だ。顔文字は人によって好き嫌いがあるから、初対面の相手にむやみに使うのは控えるべきだろう。ビジネスのメールなど、フォーマルな場では避けた方がいい。

さらに、NTT基礎研究所の野島久雄氏の発言をひいて、まとめている。

「顔文字は多義性があり、意味があいまいなことに気を付ける必要がある」

「顔文字を安易に使うと、かえって誤解を生み、トラブルの元になる」

どうやら、顔文字を使うのは、ある程度面識のある友人の間だけに止めておく方が無難なようだ。いや、親しき仲にも礼儀ありで、それがどんなに親しい友だちや、あるいは恋人であっても、真剣な話の時には使わない方がいいだろう。

「結婚しよう(^_^;)」

とか、

「もうお別れね／）o）＼」

では、なんのことだか、わけが分からなくなってしまうではないか。

ではネット上では、きちんとしたコミュニケーションができないのかというと、そんなことはない。幾千の話し言葉よりも、一つの手紙によって気持ちが通じることがあるように、書き言葉には、話し言葉にはない利点も多々あるはずなのだ。

先にも記したように、ネット上の対話は、人類がいまだ経験していない新しい言語領域である。手紙より簡便で、話し言葉よりは慎重になれる、この新しいコミュニケーションに相応《ふさわ》しい言葉を、私たちは探っていかなければならない。

おそらく、ここでもまた、私たちは、日本語の助詞、助動詞の問題に立ち戻らなければならないだろう。そんなわけで本題に入ったような入らないような曖昧《あいまい》なところで、話題は次回へと引き継がれる）｜）:)。

（一九九八年九月）

ひよこはどこのお菓子か？

私はこの秋、三本の演出作品を抱えており、現在はそのうちの二本目『夏の砂の上』の上演中である。舞台稽古の合間に、楽屋でこの原稿を書いている。『夏の砂の上』は、京都在住の劇作家松田正隆氏の作品だ。私は滅多に他人の戯曲を演出するということはないのだが、松田氏の作品だけは、昨年読売演劇大賞最優秀作品賞をいただいた『月の岬』に続いて二度目の演出となる。

この作品は、松田氏が育った長崎市を舞台としている。当然、台詞《せりふ》の大半は長崎弁である。一方、俳優は、福岡出身の金替康博をのぞいては全員が関西か関東の出身である。まぁこういうことは、芝居を創る上ではよくあることで、多少稽古に時間をかければ克服できない問題ではない。少なくとも前回の『月の岬』も、今回の『夏の砂の上』も、九州出身の知人からは、地域語の問題についてはほぼ問題なしという評価をいただいた。

英語における「L」と「R」の区別のように、成人した日本人が後天的に身につけるには大きな困難を伴う発音があれば別だが、現代日本で、若い世代によって話されている地域語ならば、そこまでのはっきりとした差はあり得ない。ある程度訓練を積んだ俳優ならば、比較的短時間で、一般観客には、当地の出身者とほぼ区別のつかない地域語を獲得することができる。

「一般観客」とわざわざ書いたのは、別に観客を、上等／下等と区別しているわけではない。そうではなくて、言語の、特に音の部分に敏感な人にとっては、それが天性の地域語か作りものかは、容易に判ってしまうだろうということだ。たとえば金田一春彦先生がやってきて、誘拐犯の脅迫電話を解析するように、「この九州弁は、ちょっとおかしいですね。この役者は東京の三多摩地域の出身でしょう」などと言われれば、それはそうですねと頭を下げるしかない。

また同じ観客の中にも、地域語を使う作品中の言葉に対して寛容な観客と厳しい観客が常にいる。今回の観劇後のアンケートでは、何人かの九州出身のお客様が、よくこれだけ九州弁を習得したと誉めてくださった。ありがたいことである。だが当然、(今回のアンケートには、ほとんどなかったが)違和感を感じたお客様もいたはずである。

ただ、ここでも大事なことは、すでに繰り返し述べてきたように、人間は、一人ひとりが違う言葉を喋《しゃべ》っているという点だ。松田氏の戯曲は、松田氏のコンテクスト、松田氏の長崎弁を基礎にしている。私たちの言葉は、地域語という言葉で大きく括《くく》られる以前に、ひとりの人格がひとつの言語を持つ。またさらに、家族のコンテクスト、地域共同体や学校、企業といった小さな集団におけるコンテクストもある。

しかし、ひとは、自分の話している言葉こそが正統だと信じて疑わない。長崎出身者はすべて、自分の話す長崎弁こそが真の長崎弁であると信じて疑わない。だから、本当の意味で正確な長崎弁の芝居を創ることなどあり得ない。特に地域語による演劇は、規範がほとんどないために、常に、そういった宿命を負っている。

ただ、たとえばフランスなどでは、事情が若干異なるようである。先日、フランス人演出家に聞いたところ、かの国では、方言による芝居というのは基本的には存在しないらしい。ヨーロッパでは、演劇とは、その国の標準的な話し言葉の規範を示すものである。もともと近代化の過程、国家形成の過程、そして近代演劇の生成の過程が日本とは大きく異なるのだから、どちらがいいかは一概には言えない。ただ話し言葉の規範のないことが、日本で演劇を創っていく上での大きな困難、また演劇について語っていく上での大きな困難になっていることだけは確かである。

話を地域語に戻そう。

言わずもがなのことではあるが、俳優が地域語を獲得すると言っても、それは台詞のなかだけのことで、俳優たちが地域語を自由に話せるようになるわけではない。新しい台詞が増えれば、そのイントネーションをいちいち作者に確認しなければならない。だが、イントネーションは、いったん雰囲気をつかんでしまえば、あとは容易に応用が利くようである。

問題なのは、まず地域独特のコンテクストの問題、そしてやはり、何度もこの連載で述べてきた助詞、助動詞の問題である。

今回の舞台では、こんな場面があった。

長崎市内に住む兄のところに、東京に行っていた妹が娘を連れて帰ってくる。所用で博多に寄ってきたらしい。松田氏のもともとの台本では、この妹は、博多で買った「ひよこ」をおみやげに持ってくることになっていた。

兄の「なつかしかねぇ、ひよこ」という台詞に続いて、妹が、兄の妻に「明太子《めんたいこ》の方がいいかと思ったんだけど、兄さんの血圧あがると困るでしょう」と言う。妹はすでに、東京の言葉で話す設定になっているのだ。

だが、この台詞のコンテクストを、俳優たちは理解できなかった。九州出身の人々には、「ひよこ」は代表的な福岡のおみやげである。しかし、いまでは、「ひよこ」は東京みやげとして、東京駅でも羽田空港でも売っている。私は長く福岡で仕事をしていたので、そのときに、九州への出張で東京から「ひよこ」を買ってくる人が後を絶たないという笑い話をよく聞いた。

ここでの小道具を、もっと東京の人間にも判る博多みやげらしいもの、それこそ明太子にでも替えるという手もあったのだが、そのすぐあとの場面で、この「ひよこ」が物語上で重要な役割を果たす。そこで私は、あとで「ひよこ」が話題になる場面で、次のような台詞を挿入した（松田氏との作品創りにあたっては、稽古場で私がある程度自由に台詞をいじっていいことになっている）。

突然やってきた妹が、ちょっと預かってくれと言って置いていってしまった少女が、兄嫁に向かって言う。

「ひよこが九州のお菓子だなんて知りませんでした」

兄嫁が、

「あら、そう」

と応《こた》える。娘が続いて、

「東京みやげだって言って売ってますよ、東京でも」

ただ、これだけではちょっと説明的すぎるので、それに加えて、兄嫁が、

「近頃は長崎にカステラば持ってくる人もおらすけんねぇ、東京の人で」という台詞を入れてみた。多少しつこいかとも思ったが、場内は爆笑であったから、この挿入は成功したといえるだろう。

この挿入の成功は、私がたまたま九州でよく仕事をしており、「ひよこ」に関するコンテクストを九州人と共有していたために可能となったものだった。いや、もう少し厳密に言えば、作家のコンテクストを理解すると同時に、「ひよこ」を九州のお菓子と認識していない東京の観客のコンテクストも持ち合わせた上で成り立った挿入であった。

さて、こういった目に見える形のコンテクストのずれは、まだ知識や経験、あるいは時間をかけた戯曲の分析によって克服できる。ところが、助詞、助動詞などの細かなニュアンスについては、なかなか一筋縄ではいかない。「ネ」「サ」「ヨ」といった小さな言葉でも、そこで使われているニュアンスが微妙に違うのだ。

松田さんの戯曲は、もう二回目だから、長崎弁の、そうとう細かいニュアンスまでつかんだ気にはなっている。だがそれでも、いくつか、未だに慣れない表現がある。たとえば、「そうか」というところを、長崎では「そうや」と言う。

最終場、再びやってきた妹が娘を連れて帰るという。せき立てるように娘を連れ帰

ろうとする妹に、兄が、

「昼飯でも食っていけばよかとに」

「いいの、いいの、指定席とっちゃったから」

「皿うどんでもとろうか？」

「いいって」

「そうや」

とくるのである。この「そうや」が難しい。難しいというか、どう言っていいのか俳優にも私にも判らない。ただ松田さんに方言指導に来てもらったときに、イントネーションを丸覚えに覚えるだけである。

地域語で芝居を創っていると、様々な位相のコンテクストのずれに気がつく。重要なことは、そのコンテクストのずれが、どんな形のものなのか、単語レベルか、助詞、助動詞か、あるいは何かもっと他に原因があるのかを探ることにあるのだ。

私たちが求めている二一世紀の対話へのヒントも、同様に、私たちの対話を阻むものがどこにあるのかという冷静な分析から出発しなければならない。


（一九九八年一〇月）

半疑問形の謎

一二月一日（一九九八年）の『日経新聞』夕刊を見て、おやっと感じた人が多かったのではないかと思う。

この日から始まった新連載「'98師走を駆ける」という囲み記事で、その劈頭《へきとう》に「自自連合」の立て役者野中広務官房長官が取り上げられていた。夕刊一面の左上に、新幹線の座席に座って携帯電話で話をしている野中氏の写真が大きく載っている。文中には、移動中も携帯電話で頻繁に連絡を取り合う野中氏の情報網が賞賛もされている。これだけなら、まぁいま一番忙しい政治家ということで、好悪は別にしても、師走の顔を飾るにふさわしい内容である。

だが、問題なのは、どうもこの写真を撮った場所が、新幹線のグリーン車内らしいという点だ。ご存じのように、新幹線内では、「携帯電話の使用はデッキで」とくどいほどに車内放送が繰り返される。携帯電話が鳴って、急いでデッキ部分へと駆け出すサラリーマンの姿を見ることもしばしばである。

野中氏も、おそらくカメラマンの注文で、そういうポーズをとったのだろう。代議士、しかも官房長官の職にある者が、そんなレベルの公衆道徳も守らないということは、まさか、いや断じてあるまい。まして官房長官だけは、その激務に免じて、車内での携帯電話の使用が認められているとか、あるいはグリーン車輛《しやりよう》一輛借り切っているとか、そんなことはないだろう。だがまず第一に、そんな姿勢を、国民に見せること自体が不注意だ。

とそんなことを考えていたら、数日後の夕刊紙に、この話題が載っていた。官房長官室のコメントは、

「誤解を招くような写真が掲載されたことは不本意です」

というものだったが、しかし不本意なのは、選挙で信任もしていない連立政権を勝手に押しつけられている国民の方だろう。

閑話休題。

携帯電話に象徴されるように、新しい機械が登場したときには、その機械が社会へと融合していくための新しい公衆道徳、すなわち新しいルールとマナーが生まれる。通常の公衆道徳は年長者ほど詳しいということになっているのだが、こういった物理的に新しく登場するルールやマナーに関しては、この法則が当てはまらない。という

よりも、年長者ほど、新しいルールに慣れず、新しいマナーを守れない。

たとえば、新幹線車内で携帯電話を席に座ったまま使用している人は、圧倒的に年輩の方が多い。羽田のターミナルの長い長い動く歩道には、「急ぐ人のために右側をあけるように」といった意味の掲示が至る所にされているが、一定の頻度で、右側に立ってガンとして動かない人々がいる。これもたいてい年輩の方々である。

愚痴ばかりではなんなので、ここで身内の恥をさらせば、私の父親は、ワードプロセッサーを使い始めた当時、何度もフロッピーへの保存を怠り、データーを消されてしまった。怒る父に対して、私は、「データーを保存するのはマナーなのだから、早く慣れなくてはダメだ」とたしなめた。

急速な時代の変化になじめない人々に対する愛情はなくてはならない。しかし、年長者の側も、新しい機械を使おうとするのなら、過去の価値観に固執せず、新しいルールとマナーを受け入れなくてはならない。それがいやなら、新しい機械は使わない方がいい。

世代間の言葉の断絶のひとつの原因が消費社会の急速な変化にあることは、以前も指摘した。新しい時代は、新しい言葉を要請する。その変化になじめない人々は、それを言葉の乱れと感じ批判する。たしかに、言葉の変化には様々な種類がある。短期的に生まれては消える流行語から、数百年の時間をかけてゆっくりと変化する言語構造の変革までを「言葉のゆれ」としてひとくくりにすることはできない。だが、言葉は常に社会とともに変化し、社会を反映する形で立ち現れてくることだけは確かである。

半疑問形という新しい流行がある。

はたしてこの流行が、「ら抜き言葉」ほどに日本語のなかで定着していくのかどうかは評価の分かれるところだが、現代を象徴するひとつの言葉の流れであることはまちがいない。

この半疑問形については、一一月二三日付の『日経新聞』に掲載されたとあるシンポジウムの報告記事が面白い。半疑問形について、まず俵万智さんが以下のように口火を切った。

「若い人が使う（自分のことなどを疑問形で話す）半疑問形や、本しか買っていないのに『本とか買って』という『とか弁』、これらは婉曲《えんきょく》表現で非常に日本人的。そういう点では若い人も大いに日本人的だと感じる」

続いて天野祐吉氏が、異を唱える。

「半疑問形は個人的には大嫌いだ。あの語尾を上げる言い方は昔はなかったのではないか。言葉は基本的に自由でいいと思うが、半疑問形だけは嫌い。こちらの反応を要求し、返事を強要している。『……じゃないですか』というのもそうだが、人に返事を強制する感覚はあまり好きではない」

天野氏は、「広告批評」の編集長を長く務めていたくらいだから、若者文化には非常に理解がある人だと思う。実際、普段の言動を見ていると、若い感性をたいへん重要視しているようだ。ところが、その天野氏が、「半疑問形だけは嫌い」と言う。その理由はなんだろう。

ここで、社会言語学者の井上史雄さんが、ひとつの見識を示す。

「半疑問に中年の男性は積極的にうなずいて反応したがるが、それを若い人が嫌がっている。ちょっとうなずく程度にすればいいのに、同意を求められていると感じるのは正直すぎる。若い人には若い人のコミュニケーションパターンが成立しつつある」

私も井上氏の意見に賛成である。なぜならば、半疑問形には、それなりの登場の理由があり、それは若い世代の新しい人間関係に基づいているからだ。

はっきりした統計があるわけではないので、私の印象ということになってしまうのだが、どうも半疑問形を使うのは、「とか弁」などを使う世代よりはもう少し上、さらに学歴や教養も少し高い女性に多いのではないかと思う。いや、逆に言うと、流行語を多用しないように見える教養ある女性たちが、半疑問形だけは使う。それが強く印象に残るので、天野氏のように「半疑問形だけは嫌い」といった反発が出てくるのではないだろうか。

その理由を愚考するに、これは、数ヵ月前にこの欄で取り上げた「ネ・サ・ヨ運動」にその遠因があるのではないだろうか。

復習になるが、「ネ・サ・ヨ運動」とは、助詞の「ネ」「サ」「ヨ」をできるだけ使わないようにしようという、一九六〇年代に流行した国語教育運動だった。

「私ネ、今日サ、学校にネ、行ったヨ」

というところを、

「私は、今日、学校に行きました」

と言おうというわけだ。

ここでは、「ネ」「サ」「ヨ」は、乱暴な言葉、ぞんざいな言葉として排除された。さて、半疑問形を使う女性たちも、同様に、言葉のなかから、「ネ」「サ」「ヨ」を排除しようとしているのではないか。ただし、それは、乱暴、ぞんざいというよりも、女性言葉の代表としての「ネ」や「ヨ」を排除してきたのではないかと私は推測する。

女性の社会進出が進み、様々な局面で、女性が男性と対等に話す機会が増加した。しかし、この社会の変化に、日本語の変化はまったく追いついていない。男性言葉、女性言葉の差は厳然とあるし、それがときに、男女の役割関係を旧来のままに固定化する役割を果たしてしまう。逆に意識して、女性が男性言葉を話せば、いまの日本社会では、奇異の目で見られるのは残念ながら避けられない。

社会進出を果たした女性たちは、必然的に、「ネ」や「ヨ」を使わない、いうなれば新しい女性語を模索し始めた。

女性の上司が、部下に命令を発するときに、「ネ」や「ヨ」を多発すると、なんだか命令をしているように聞こえずに、お願いしているように聞こえてしまう。あるいは母親が子供にお使いか何かを言いつけているように聞こえてしまう（なぜなら、古い日本語の歴史のなかで、女性が男性に命令するのは、母親から子供へといった状況でしか起こってこなかったのだから）。日本語は、まだまだ男女平等な言葉ではない。だが、逆に「ネ」や「ヨ」を完全に排除してしまうと、コミュニケーションがうまくいかない。詠嘆、推量、確認、婉曲といった微妙なニュアンスが抜け落ちてしまうのだ。

そこで出てきたのが、半疑問形である。「ネ」や「ヨ」の役割を、イントネーションで補おうというわけだ。

半疑問形は、女性の社会進出に伴って登場した表現である、と私は考えている。本当かどうかは判らないが、言語学者の友人たちも、まずこれに近い見解を持っている。

半疑問形が、日本語の表現の幅を広げるものなのかどうかは、後世の判断に任せるしかないが、ともあれ、新しい表現を頭ごなしに「言葉の乱れ」と断ずることは慎まねばなるまい。多少、不本意かもしれないが……。（一九九八年一二月）

日本語はどう変わっていくのか（一）

いよいよ世紀末である。それも、千年に一度の大世紀末である。

さて、昨年（一九九八年）末から年始にかけて、その世紀末を象徴するかのような新しいタイプの陰惨な事件が続いている。


インターネットを通じて入手した青酸カリによる自殺。

伝言ダイヤルで出会い、睡眠薬を飲まされて放置され死に至った事件。

インターネットに、知り合いの女性に対する暴行を依頼する文章を載せた事件。


新しいメディアの産みの苦しみと言ってしまえばそれまでなのだろうが、どうもそれだけでは割り切れない不可解さが、この手の事件にはつきまとう。

たとえば、伝言ダイヤル事件の被害者の女性たちは、なぜ簡単に、「肌が綺麗《きれい》になる」という言葉を信じて、睡眠薬を飲んでしまったのだろう。なぜ、他者とのコミュニケーションが苦手な人々も、インターネットに象徴される新しいメディアでは、積極的に（いささか過度に積極的に）他者とのコミュニケーションを取ることができるのだろう。

この正月は、ずっとそんなことを考えていた。そんなことを考えながら、二〇世紀と二一世紀の日本語について考えてみた。

実は一〇〇年前の日本語も、大きな変革のときを経験していたのだった。

昨年、俵万智さんが、与謝野晶子の『みだれ髪』を現代語訳した『みだれ髪　チョコレート語訳』という本を出版し話題になった。この与謝野晶子の『みだれ髪』が出版されたのが、一九〇一年、ちょうど二〇世紀の初めの年である。日本語は、この一〇〇年でどう変わったか。まずは、その変化を見てみよう。

その子二十《はたち》櫛にながるる黒髪のおごりの春の美しきかな

二十歳とはロングヘアーをなびかせて畏れを知らぬ春のヴィーナス

これはけっこう大胆な訳である。もう少し、原作と現代語が近いものもある。

やは肌のあつき血汐にふれも見でさびしからずや道を説く君

燃える肌を抱くこともなく人生を語り続けて寂しくないの

さらに、与謝野晶子の原作自体が、現代口語にきわめて近い作品もあり、その訳は、当然原作に近いものになる。

なにとなく君に待たるるここちして出でし花野の夕月夜かな

なんとなく君が待ってる気がしたの花野に出れば月がひらひら

さて、読者諸兄は、どういった感想を持たれただろうか。「いや、意外と一〇〇年で変わったものだなぁ」と言う人もいれば、「あんまり変わってないんじゃないか、現代語訳なんて、する必要あったのかい？」と考えた人もいるだろう。

だが、まず、与謝野晶子の『みだれ髪』自体が、当時の日本語の急激な変化を象徴する歌集であり、その作品群のなかにも、大きな言葉の揺れがあることに注目しなければならない。

おそらく『みだれ髪』の登場は、『サラダ記念日』の登場以上にセンセーショナルなものであったろう。それは、女性が奔放に恋愛や性を歌い上げるという行為自体の斬新さと、そしてそこで使われた新しい日本語表現の豊かさの、すなわち内容と形式の二つの新しさに対する驚きであった。

一方で、当時の、どちらかといえば古いタイプの日本語を象徴する文章としては、たとえば、日光華厳《けごん》の滝で自殺した第一高等学校学生藤村操《みさお》の遺書があげられる。一九〇三年五月、藤村は、滝口の楢《なら》の大木をナイフで削り、その木肌に筆で一気呵成《かせい》に以下のような文章をしたためたという。

巌頭之感　悠々たる哉天壌、遼々たる哉古今、五尺の小軀を以て此大《この》をはからむとす。ホレーショの哲学ついに何等のオーソリチィーを価するものぞ。万有の真相は唯だ一言にしてつくす、曰《いわ》く「不可解」。我この恨を懐いて煩悶終《つい》に死を決するに至る。既に巌頭に立つに及んで胸中何等の不安あるなし。始めて知る大なる悲観は大なる楽観に一致するを。

これが、一六歳の少年の遺書だということにもまず驚くわけだが、それにしても難解な文章である。意味が分からないというわけではない。だが、ただ音だけを聞けば、「人生は不可解だ」ということくらいしか理解されないだろう。耳で聞いて、そのまま理解できるかどうか、ここが、与謝野晶子の短歌との大きな違いである。

あるいは、これを、たとえばイジメを苦にして自殺する最近の同世代と比べてみると、その差はさらに歴然とする。もっとも有名な「このままじゃ『生きジゴク』になっちゃうよ」という遺書を思い出して欲しい。この「なっちゃうよ」という口語体と、「始めて知る大なる悲観は大なる楽観に一致するを」では、ずいぶんと隔たりがある。

一六歳とはいえ、当時の一高生（いまの東大教養学部にあたる）は超エリートだから、このくらいの文章は書けて当然と思われるかもしれない。では、当時の新聞『時事新報』に掲載された「よろず案内欄」創設の以下の告知文はどうだろう。

このらんには　うせもの　ひろひもの　いへやしき　などの　うりかひ　かり
かし　ひとを　やとひたきこと　やとはれたきこと　そのほか　なにごとに　よ

らず　せじんの　べんりと　なる　みじかき　くわうこくを　あつむ

なんで全部平仮名なのかと思う方もいらっしゃるだろうが、これは原文のままである。無学の者にも読めるようにという福沢諭吉の提案で、総平仮名の告知となったのだそうだ。しかし、文章表記の平易さに比べ、文体はどうも堅苦しい。少なくとも、現代の日本語とは、ずいぶんとかけ離れた印象を受ける。

ところがこれが、一九〇八年、以前にも取り上げた夏目漱石の『三四郎』になると、俄然《がぜん》状況が異なってくる。『三四郎』の冒頭を見てみよう。

うとうととして眼が覚めると女はいつの間にか、隣の爺さんと話を始めている。この爺さんはたしかに前の前の駅から乗った田舎者である。発車間際に頓狂な声を出して、駆け込んで来て、いきなり肌を脱いだと思ったら背中に御灸の痕が一杯あったので、三四郎の記憶に残っている。

もうこれは、九〇年代に日本語によって書かれた小説や随筆のたぐいと比較しても、あまり古臭いという感じがない。もちろん漱石一個人の才能もあるだろう。いや、文学の問題として作品の普遍性ということを考えるなら、それはもう、その作家の才能に帰するべき問題なのだ。しかし、日本語の変化という側面からこのことを考えると、これは漱石一個人の問題にとどまらない。日本語が変わったのだ。それも実際の変化は、一九世紀末から二〇世紀初頭のごく短い間に成し遂げられたのだ。

　実はこの変化は、演劇の世界、戯曲翻訳の世界でも起こっている。ちょっと極端な例だが、木下順二氏は、『〝劇的〟とは』（岩波新書）のなかで坪内逍遥のシェイクスピア訳の以下のような変遷を例にあげて、このことを端的に示している。

　坪内逍遥がシェイクスピアを初めて訳したのは、一八八四年（明治一七年）であった。ここに掲げる訳文はその『ジュリアス・シーザー』のなかのブルータスの演説の場面である。

　ヤオレ人々静まり候へ。某《それがし》が演説を終るまで、謹しんでお聴きなされ。イカニ同胞羅馬府民諸君、某只今此処《このところ》にて、我丹心を説明なせば、暫時《しばし》の間静聴ありて、国家を患《うれ》ふる舞妻多須《ぶるたす》が、微衷の程を賢察下され。

　さて、この擬古調の訳文からちょうど五〇年後、一九三四年（昭和九年）に坪内逍遥は、同じ『ジュリアス・シーザー』を翻訳している。まったく同じ部分を引用してみよう。

済むまで静粛にして下さい。……ローマ人よ、国人《こくじん》よ、親友諸君よ！　予《わたし》の理由を聴いて下さい、理由を聴くために静かにして下さい。予の人格を信じて下さい、信じて下さるために予の人格に重きを置いて下さい。

と、ここでは完全に「聞いて判る」文体が成立している。参考までに、最近のシェイクスピア訳もあげておこう。同じ箇所をさらに約五〇年後に、小田島雄志さんが訳したものの抜粋である。

最後までご静聴願いたい。ローマ市民、わが同胞、愛する友人諸君！　私の話を聞いていただきたい、また聞くためには静かにしていただきたい。私の名誉にかけて私のことばを信じていただきたい、また信じるためには私の名誉を重んじていただきたい。

明治から昭和初期にかけての五〇年の変化に比べると、直近の五〇年の変化はあまり大きくないことが判るだろう。ではこの一〇〇年、日本語のなかで、変わってきたものはなんだろう。変わらなかったものはなんだろう。もう少し、そのことを考え続けてみよう。

（一九九九年一月）

日本語はどう変わっていくのか（二）

さて、日本語はこの一〇〇年、どのように変わったのか、変わらなかったのか。あるいはいま、どのように変わりつつあるのか。

少し視点を変えてみよう。

日本語の話し言葉において、助詞、助動詞がいかに大きな役割を果たすかは、この連載でも再三再四取り上げてきた。だが、実は私たち日本人にとってやっかいなのは、特に劇作家という職業にとってやっかいなのは、日本語の口語表現の根幹をなすこの助詞、助動詞が、変化の激しい品詞だという点なのである。

たいていの読者諸氏は、高校時代に古典の授業で苦労をした経験がおありかと思う。特に、大学受験を経験した方には、古文の助動詞など思い出したくもないという人も多かろう。受験勉強における古文の助動詞の暗記は、英単語のそれと似て、文字通り、砂を噛《か》むような味気ない作業であった。

現在、古文の授業では、数え方にもよるが、約三〇の助動詞を教えることになっている。平安時代に使われていたこの三〇の助動詞のうち、現代口語で使用している助動詞はひとつもない。助動詞を覚えるのが大変な主な理由は、この現代語との乖離《かいり》という点にある。

ある言語学者によれば、助動詞の寿命は、だいたい六〇〇年くらいではないかとされている。私の実感では、現代はもっと言語の変化の度合いが速いから、だいたい二〇〇年くらいに寿命が縮まっているのではないだろうか。とすれば、現在私たちが話している助動詞も、二〇〇年後には古語の仲間入りをしているかもしれない。

古文の話に戻ろう。まぁ三〇くらいの助動詞なら、気合いを入れれば、どうにか覚えられるはずなのだ。だが、受験生にとって事態をいっそう深刻にさせているのは、この助動詞が、一つひとつがいろんな意味を持っているという点だ。

この点は、思い出したくもないという人がさらに多くなるだろう。たとえば、「べし」という助動詞は、現代語に置き換えると、推量、意志、可能、当然、命令、適当と六つの意味があり、前後の文脈から類推して現代語訳を行わなければならない。私は予備校の教師に、この助動詞の意味の覚え方を「ス・イ・カ・ト・メ・テ」と習った。言うまでもなく、上記六つの意味の頭文字をつなげたものだ。坂道を転がっていく西瓜《すいか》をイメージしながら「西瓜止めて！」と思い出すのである。逆にいままでは、夏に西瓜を食べるたびに「べし」という助動詞が頭に浮かぶ。

こうしてまず受験生は助動詞の意味を覚えるのだが、それで必ずうまくいくとは限らない。

「人々の深き志は、この海にも劣らざるべし」（土佐日記）

これは「推量」であるから、「この海の深さにも劣らないだろう」と訳さなければならない。だが一方、

「作文《さくもん》の船にぞ乗るべかりける」（大鏡）

こちらの方は「適当」であって、すなわち「乗ればよかったなぁ」と訳さなければならず、「乗るだろう」とか「乗るべきだ」などと訳すと×ということになる。

ここで純真な青年の心は千々に乱れるのである。「古文なんて滅茶苦茶だ！」と思い、×を付けた古典の教師を一生憎むことにもなる。

しかし教師は決まってこう言う。

「おまえ日本人なら、前後の文脈から類推して解るだろう」

だが、残念ながら、私たちは日本人ではあるが平安人ではないのであった。

たしかに古文は滅茶苦茶である。滅茶苦茶と言って悪ければ、若干、合理性に乏しいのである。いや念のため、さらに申し添えておくと、どんな言語にも独自の合理性

はあるのだ。そうでなければ、幼児が言語を習得するのは不可能である。実際、いにしえの平安人は、この古語で、充分コミュニケーションを図っていたわけだから、現代人が文句を付ける筋合いはない。受験生の逆恨みといわれても仕方のない部分はある。だが、それでもあえて難癖を付けるなら、それは「近代的な合理性に欠ける」ということだろう。

日本語近代化の中心は、この助動詞の整理統合にあったといっても過言ではないと私は思っているのだが、これはあまり言語学的な根拠はない。以下はあくまで私見である。

助動詞は、長い歴史のなかで整理統合が繰り返されてきたわけだが、特に、明治期に急速に変化した。簡単に言えば、一つの助動詞には一つの意味というようになり、結果として、曖昧《あいまい》な表現が少なくなり、誰が読んでも、意味が狭い範囲で特定できるようになった。

逆を考えてみて欲しい。古文で、理論物理学の論文を書いたり、会社の企画書を書いたりすることを想像してみよう。

「この新プロジェクトが成功したあかつきには、我が社の売り上げは約三倍になりけるかも」

なんて文章では、本当に三倍になるのかどうか、どうにも心許《こころもと》ない。ここはどうしても、「三倍になるだろう」「三倍になることが期待される」「三倍にまでなる可能性がある」といったように、誰が読んでも意味内容がほぼ同じようにとれる言語が必要である。

現在、私たちは、約二〇の助動詞を使っている。またこれらの助動詞は、ほぼ一つの助動詞に、一つの意味というようになってきている。この助動詞の整理統合の波は、実は現在でも続いている。その典型的な例が「ら抜き言葉」だ。

「れる」「られる」という助動詞は、「受身」「尊敬」「自発」「可能」と四つも意味を持っている。これはいささか曖昧で、「近代的」ではない。そこで、「可能」の場合だけは、「られる」の「ら」を抜いてしまおうと、無意識のうちに変化が起こった。これが「ら抜き言葉」の正体であろう。

「ら抜き言葉」のいい悪いを言っているのではない。ただ、「ら抜き」という変化にも、理由はあるのだということは理解していただきたい。

さて、ここでも「日本人なら、そんなものは文脈で判断しろ、それが正しい日本語だ」というご意見が出てくるだろう。たしかに私たちは、わざわざ「ら抜き」にしなくても、「受身」か「尊敬」か「可能」かを区別できる。それで誤解が起きて喧嘩《けんか》になるなんてことは滅多にない。しかしそれは、私たちがこの言語に慣れているからだけであって、たとえばある年齢を過ぎてから日本語を学ぶ外国人にとっては、この区別はやっかいなことのようだ。

私たちが、古文の時間に、さんざん曖昧な助動詞に悩まされたように、外国人にとっては、あるときは「受身」、あるときは「尊敬」、そしてまたあるときは「自発」や「可能」の意味になる「られる」は、とってもやっかいな助動詞なのだ。

「誰にでも、だいたい同じように解る」ということを近代性のひとつの要素と考え、私たち日本人は、日本語を改良してきた。平安時代のように、同じ階層の人々だけが読む閉じた言葉から、日本人ならば、だいたい意味が同じようにとれる言葉へと開いてきたとも言える。

ならば、その「誰にでも」の対象に、後天的に日本語を取得した外国人を含めることはできないだろうか。そう考えていくと、やはり「ら抜き言葉」も、ある種の現代性を持つと言える。

明治の近代化は、様々な功罪を含んでいる。日本語の近代化の過程も、「国語」という概念の誕生を含んで、国家主義的な言語観を育成したという負の面も否定できないだろう。しかし私はそれでも、明治人の言語に対する偉大な努力に対して、尊敬の念を抱かざるを得ない。

私たちの近い祖先は、驚異的なスピードで日本語の近代化を成し遂げた。たとえば、旧帝国大学の授業は、そのほとんどが当初お雇い外国人による外国語での授業だった。教師が日本人に変わっても、英語で行われる授業も多かったという。明治の小説家のなかには、はじめに英語で文章を書き、それを翻訳して日本語の小説にした人々が何人もいる。

封建社会が崩れ去ったあとの合理的なものの考え方を表現する日本語、いやその前段階として、合理的に思考する日本語がなかったからだ。だがほんの二十数年ほどの間に、明治人は、助動詞を整理統合し、抽象的な概念に多くの訳語を与え、言葉の近代化を推し進めた。

これがどれほど大変な作業だったかは、たとえば現在も多くの発展途上国における高等教育が、不本意ながら旧宗主国の言葉で行われているといった現状を見れば、逆に明らかであろう。

もちろん、日本語だけが近代化の苦しみを体験したわけではない。たとえば近代の初めまで、ヨーロッパの人々は、哲学などの難解で理論的な文章を書くときにはラテン語を使用していた。パスカルの手紙に「ここからは話が込み入ってくるのでラテン語で書きます」という一節があるらしい（大学時代に哲学の教授から聞いた話なので嘘かもしれない）。まぁ、ヨーロッパ人は長い年月かけて、自国語で哲学を語れるようにしたわけなのだが、それを日本人は、たった数十年でやろうとした。あちらこちらに無理が出てくるのは仕方のないことで、それは私たち子孫が、少しずつ修正していけばいいのである。

（一九九九年二月）

日本語はどう変わっていくのか（三）

曖昧《あいまい》な表現をできるだけ排して、誰が読んでも、だいたい同じ意味にとれるような言葉を作り出す、そういった言葉の近代化の過程で、日本語の助動詞もまた、整理統合されてきた。

さて、では、古文の助動詞がもっていた曖昧だが、複雑で微細な感情の表現は、どこかに消え去ってしまったのだろうか？

そうではない。私は、助動詞の整理統合によって消し去られた曖昧なニュアンスは、様々な助詞の発生によって補われてきたのではないかと考えている。

言語学者時枝誠記は、日本語の品詞を大きく二つに分けて、「詞」と「辞」に区別している。事物を概念化、客体化するのが「詞」であり、主体（話し手）の直接的な表現を担当するのが、「辞」である。

なんだかこう書くと難しく聞こえるが、要するに、名詞や動詞というのは、まずたいていい、誰が使おうが「机」はものを書いたり、食べたりするときに使う一定の高さをもった台のことだし、「走る」は何かがある方向に、早く進むことである。その言葉自体には、話し手の立場は、ほとんど反映されない。一方で、

「走るんだ」
「走るのよ」
「走るんです」
「走っちゃう」

といったように、助詞、助動詞は、話し手の立場や意思を反映して変化する。特に、助動詞が話し手の明確な意思を表す方向に変化してきたのに対して、総じて助詞は、反対の方向、すなわち話し手の曖昧な意思を表現する方向に変化してきたのではないだろうか。

ここ一〇年で、若者の間にもっとも隆盛を極めた助詞は「とか」だろう。

「今日、図書館とか行って、本とかぁ、借りたりとかしてきたんだけどぉ」

という、この「とか」の場合、必ずしも、発話者が図書館以外の場所に行ってきたわけではないところに特徴がある。いや、特徴があるというより、年輩の方には、この点が一番、気に障るところになる。「とか弁」と呼ばれるこの用法は、決して新しいものではないのだが、ここ数年、がぜん市民権を得て、年輩の女性の方なども、

「私とかぁ、主婦とかだから、ずっと家とかにいるでしょう」

などという使い方をしている。「とか」はもともとは、

「劇作家とか、小説家とか、そんな奴らは、ろくなもんじゃない」

というように、複数のものを並列にして呈示する副助詞である。また、通常は、「言う」「聞く」などを伴った形で、内容が不確かであるという話し手の気持ちを表すこともある。

「慎太郎とかいう人が都知事になったよ」

といった使い方である。

現在の「とか弁」は、後者の用法が拡大されて、別に内容が不確かではなくても、不確かなものとして表現するということなのだろう。前者、並列の用法と混同して、

「図書館の他にどっか行ったのか?」

と無理なつっこみを入れてはいけない。

「とか弁」は通常、曖昧表現、婉曲《えんきょく》表現として扱われる。そして、その曖昧さが、批判の対象となるのだが、しかし、謙譲語などは、たいていが曖昧な表現を含むものであるから、この一方的な批判は理不尽だろう。強い断定を避けるというのは日本語の大きな特徴であり、その点では、この語法の変化は、理にかなっているとも言える。

だから、「とか弁」を最大限好意的に解釈すれば、それは、「図書館に行ったということは、私自身は自分のことだから、もちろん知っているのだけれど、あなたはまだ知らないわけだから、一応、『図書館とか』って言っておこう」

というこれだけのニュアンスが込められているわけだ。

「優しさ」が最高の価値とされる若者の気分を反映して、こういった曖昧表現は隆盛を極めている。

「みたいなぁ」＝「私って、ちょっと勉強難しいかなみたいなぁ」

これは、自分の気持ちを相手に伝えるときに付け足す語尾である。最近は、男性もよく使う。

「って感じ？」＝「小学館って、やっぱ、ピカピカの一年生出してる会社って感じ？」

クエスチョンマークが付いているが、疑問形ではない。ゆるやかに同意を求めているようにも聞こえるが、実際は、これも、話し手の感覚を表明しているに過ぎない。この点は、いま問題になっている「じゃないですか？」にも似ている。オジサンたちは、ついつい若い女の子に、

「私ってＯＬじゃないですか？」

などと言われると、うんうんとうなずいてしまうのだが、このうなずきは必要ない。あまり頻繁にうなずいてしまうと、

「あの課長、ちょっとうっとうしいかも」

などと言われてしまう。この「かも」も、伝統的な（？）曖昧表現だが、近年はさらに広い範囲で使われるようになった。発言内容に自信があっても、多少控えめに表現する効果を持っている。

「じゃないですか」に戻ろう。この「じゃないですか」のルーツは、「じゃん」だろう。

「やっぱり野球は巨人じゃん」

「やっぱり野球は巨人じゃない」

「やっぱり野球は巨人じゃないですか」

と曖昧表現が、丁寧語方面にウイングを広げてきたとも見てとれる。

「私とかって、コピーとか、とるのうまいじゃん」

「私とかって、コピーとか、とるのうまいじゃない」

「私とかって、コピーとか、とるのうまいじゃないですか」

さて、あなたはどこまで許容できますか？

ここからは応用編。

「とか言っとく」＝「ガイドラインとか、後方支援っていっても、結局は戦争協力なわけでしょう……とか言っとくかな」

これは、「とか弁」の発展型である。難しい話をしたあとに、多少照れ隠しの意味も込めて、「とか言っとくよ」と付け加える。

「〜人」＝「私とかって、接待とかできない人じゃないですか」

自分のことを第三者のように語るのは、さて曖昧表現か、ただの責任逃れか？　このさらに複雑な用法として、

「〜系」＝「これって、今日、宅配便で送られてきた系のものでしょう」

があげられる。ここまで行くと、「〜状態」「〜モード」「〜派」「〜的」にも言及しなければならないのだが、助詞系の話から大きく逸脱モードになっているので、僕的には、やめておこう派って感じかな。

というわけで、日本語の助詞は大きく変化してきた。

ちなみに、この「というわけで」というのも、私は好んで使っているが、あまり上品な表現とは言えない。さらに昨今の話し言葉では、これを、「だもんで」「んで」「そいで」などと表現する。何が「だもんで」なんだかは明瞭《めいりょう》ではないのだから、こ

れも曖昧表現の一種と言えるだろう。

再び、というわけで、私は、この助詞の変化は、乱れではなく、総じて日本語にある種の豊かさを与えていると考えている。若者言葉についていけない、言葉の乱れはけしからんと嘆いてばかりいずに、多少大目に見てあげて欲しい。大局的に見れば、日本語の歴史的な変化の流れのなかで、昨今の若者言葉もまた、新しい人間関係に見合った表現を模索しているのだ。

せっかくだから、ここで、曖昧表現を多用して、シェイクスピアの『ロミオとジュリエット』のバルコニーの場面の名ぜりふを現代口語訳してみよう。

「ねぇ、ロミオ、ロミオ、なんで、ロミオ的には、ロミオとかって、ロミオなの。あれさぁ、あなたの家とか捨てちゃって、家の名前っていうか、モンタギュー？　それって、捨てちゃうモードになれないかなぁ、

だめなら、私を好きになるみたいな、愛してるみたいな、好きだしぃみたいな、なんか、そんな系のことくらい言ってちゅーの。そしたらぁ、あたし的にも、キャピュレットの名前とか、速攻、捨てちゃうって感じぃ。っていうか、まぁ、そうとか言っとくって感じぃ」

やっぱりダメか、これでは。劇作家もまた、迷いのなかにいる。（一九九九年三月）

フランス人との対話（一）

昨年、サッカーワールドカップに日本代表チームが出場したおかげで、私も関連文化企画に参加してフランスに行ってきたという話は、たしかこの連載でも、幾度かに小分けして書いたと思う。

ワールドカップの開閉会式を行ったスタッド・ド・フランススタジアムは、パリのすぐ北側のサン＝ドニ市にある。この街の中心に、名優ジェラール・フィリップにちなんだジェラール・フィリップ国立演劇センターという立派な劇場があり、その劇場が、ワールドカップの関連文化企画として、参加三二ヵ国の劇作家の作品を翻訳、出版し、リーディング（朗読会）まで開くという催しを行った。

私も、自分の作品が朗読される日に招待を受け、はるばるフランスまで行ってきたのは、昨年ご報告した通りである。

さて、このリーディングは、なぜだか、たいへん好評だった。翻訳された私の作品は、『東京ノート』という、小津安二郎監督の映画『東京物語』を下敷きに、誰が親の面倒を見るかといった話を美術館のロビーで延々話し続ける地味な戯曲である。だが、この戯曲が、フランス人たちにはことのほか好評で、ほぼ絶賛に近い形の評価を受け、私はフランスをあとにしたのだった。

もちろん、私とて、西洋人がたいへんに誉め上手であることくらいは知っている。おっちょこちょいでうぬぼれ屋の私も、彼《か》の地での数々の賛辞は、言葉半分、いや言葉四分の一くらいのつもりで日本に帰ってきた。

話はそれるが、井上ひさし氏によれば、日本語の語彙《ごい》にもっとも足りないのが、この他人をうまく誉める言葉だそうだ。たしかに、日本人は誉めるのがへたである。特に日本の親は、子供をもっと誉めた方がいい。過保護にしろということではなく、子供が何か少しでもよいことをしたときに、適切な言葉で誉めてあげることが大切である。具体的に、何がよかったのかを、きちんと誉めてあげるということだ。

日本語は、謙譲表現に関しては、多くの語彙を持っている。自分からへりくだるのは得意なのだ。だが、言葉の構造上、どうしてもそこに年齢などの上下関係が反映しやすいので、対等な立場で他者を誉めるということが難しい。年長者が年下の人間を誉めると、上から見下ろすように「よくやった」といった尊大な感じになってしまう。逆の場合は、なんだかへりくだり過ぎて、お世辞を言っているように聞こえてしまう。

野球、バレーボール、ゴルフなどのスポーツでは、お互いを誉め合うことが自然にできる。ただしこれは、ほとんどの場合、外来語を使用している。曰《いわ》く、

「ナイス・バッティング」

「ナイス・サーブ」

「ナイス・ショット」

こういった、気楽に仲間を誉める言葉を、私たちは日本語のなかに獲得していかなければならない。もちろん、それは外来語でもかまわないと思うが、世代を越えて使えるものになるには、やはり大和言葉の方がいい。

この点、前回に続いて、若者言葉を多少擁護するなら、

「いい感じ」

「いけてる」

といった言葉の流行は、日本語の誉め言葉不足を補うための、ひとつの自然な流れだということができるだろう。

女子高校生たちの、

「かわいい」

というのも、その範疇《はんちゆう》に入るかもしれない。以前、女子高校生たちと芝居を創ったときに、あまりに「かわいい」を連発するので、

「いまから三〇分間、かわいい禁止」

と言ったことがある。彼女らがとたんに無口になったのは言うまでもない。

何を見ても、聞いても、「かわいい」ばかりを連発する女子高校生に対して、「近頃の子供はボキャブラリーが貧困だ」と言うオヤジたちは、実は自分たちが、同僚を対等に誉める語彙を持っていないのだということに気が付かなければならない。あなたは隣の席の同僚が、いい仕事をしたときに、

「素晴らしい仕事だったね」

ときちんと誉めていますか？

いやいや、思いがけず話が大きくそれた。ともかく西洋人は、人をよく誉める。「ナイス」だけではない。「グッド」「エクセレント」「ワンダフル」「インクレディブル」などなどを、やたらと連発する。

私の戯曲もたいへん誉められた。戯曲を出版した会社の社長は、私に会うなり、

「あなたの作品が、参加三二ヵ国のなかで一番素晴らしい」

と宣言した。当然、私は、

（こいつ、他の奴にも同じこと言ってるな）

と思った。だが、これは、驚くべきことに、まんざら嘘でもなかった。まず実際のところ、参加三二ヵ国の戯曲を集めるというのが主催者側の目標だったが、最終的には二ヵ国がどうしても都合が付かず、三〇ヵ国の参加となった。おそらく世界には、サッカーは盛んでも、演劇はあまり盛んでない国など沢山あるだろう。いや、盛んか盛んでないか以前に、演劇のない国だってある。現に一〇年前に私が訪れた南太平洋のバヌアツ共和国には演劇という芸能はなかった。演劇はあっても、活字になった戯曲はないという国はさらに多いだろう。劇作家という職業が存在しない国も多々あるだろう。そう考えると、よく三〇ヵ国も集まったものだとも言える。

さて、翻訳された三〇の戯曲のうち実際に出版されたのは、一六だったと聞く。リーディングの解説文を見ると、どうも残りの国の作品は戯曲という形にはなっていない、たとえばコントやショートストーリーの類だったようだ。

日本サッカー代表チームは、惜しくも三戦全敗で全日程を終えたわけだが、こうして私は、難なく予選リーグを通過し、決勝進出を果たしたのだった。『東京ノート』という作品は、たしかに家族の問題を描いたものなのだが、一方で、近未来を舞台とし、ヨーロッパ全土が戦争になっているという設定を持っている。「我々ヨーロッパの演出家、特にフランスの演出家は、ヨーロッパが世界の中心ではないということを、いまのフランスの観客に知らせなければならない」と『東京ノート』のリーディングの演出を担当したフレデリック・フィスバック氏は語った。ヨーロッパでの大戦争のさなか、そこから逃げてきた数々の絵を前にして、自分の家族の話だけを延々と繰り返す日本人という構図が、フランスの観客には衝撃的だったようだ。

誉められるに越したことはないというくらいの気持ちで帰国した私の予想に反して、なんだか事態は急展開し始めた。まず『東京ノート』に続いて、『ソウル市民』も仏語に翻訳出版されることが決まった。出版社からは、「あなたの今後のフランス語圏における上演権のマネジメントを一切任せてほしい」という内容の契約書が届いた。「フランス語圏」ってのが、なんだか世界的な感じで格好いいなぁ。

一方、フレデリック・フィスバック氏は、『東京ノート』のフランスでの上演を熱望した。ふたりで様々な可能性を話し合った結果、演出だけではなく、俳優やスタッフも含めた交流事業を計画することになった。

まず第一弾として、フレデリックが四月に来日し、フランスの現代演劇の作家ジャン＝リュック・ラガルスの作品『われらヒーロー』を演出、富山県利賀《とが》村と東京で上演した。私は、台本翻訳の段階から演出に協力した。

私の方は、一二月に渡仏し、フランスに三ヵ月近く滞在して、『東京ノート』をフレデリックとともに演出する。この作品は、ジェラール・フィリップ国立演劇センターをはじめフランス国内四ヵ所の国立演劇センターで、約一ヵ月半にわたって上演される。

と、ここまではトントン拍子で話が進んできたのだが、いざ作品を共同で創るとなると、これは一筋縄ではいかないのだった。そこで、私や日本人俳優たちが、フランス人と繰り広げた悪戦苦闘の数々は次回に……きちんと言葉の話に戻りますよ。乞御期待。

（一九九九年四月）

フランス人との対話（二）

フランスの現代戯曲をフランス人演出家と上演するにあたって、まず私たちがぶちあたったのが、当然のことながら言葉の壁、戯曲の翻訳の問題だった。

翻訳は、パリ在住の飛幡祐規さんに担当していただいた。飛幡さんは、翻訳の他に、フランス文化についての本も数冊出されており、立派なプロの翻訳家である。あとで日本語の堪能なフランス人の友人にも見てもらったが、意味上の翻訳は完璧《かんぺき》であった。

しかしながら、準備期間が少なかったことと、飛幡さんが戯曲の翻訳は初めてだったこともあって、いただいた原稿は、まだ芝居の台詞としてこなれたものにはなっていなかった。そこは飛幡さんも承知していて、実際に稽古に付く通訳や演出家のフレデリックと相談しながら、語句は自由に変えてよいという承諾を得ていた。

それにしても、翻訳台本を手にしたときの私と俳優たちの衝撃は大変なものであった。シェイクスピアかと見間違うほどの長台詞のオンパレードで、それが美文調で訳されているので、いくらこれからこなれた話し言葉に変えていくといっても、なんともどこから手を着けていいのかという感じになってしまったのだ。

まず私は、パソコン上で人称代名詞を検索し、できるだけそれを排してみた。「私」「あなた」「彼」「彼女」これらを少なくするだけでも、ずいぶんと日本語の話し言葉らしくなる。ちなみにこれは、普段の書き言葉でも同様だ。特に、彼、彼女はできるだけ使わない方が、文章が整う。日頃、自分の文章が硬いと思われている方は、気をつけてみるといい。

さて、人称代名詞が省かれると、当然解りにくい台詞が多くなるので、そこは助詞や助動詞で補ったり、少し台詞を書き換えたりした。他の助詞、助動詞も、できるだけ現代的な口語体に書きあらため、他に語調を整えるために、「まぁ」「えぇ」「あぁ」といった語句を、少しずつ挿入した。

言語学に「冗長率《じょうちょうりつ》」という不思議な言葉がある。ひとつの文章のなかに、どれくらい全体の意味と関係のない語句が入ってくるかということを数値的に表す言葉らしい。さしずめ、この「あぁ」「えぇ」「まぁ」「えーと」といった語句は、冗長の最たるものである。

私の戯曲は、冗長率が異様に高い。ほとんど、それ単独では意味をなさない言葉の羅列である。かつて（いまでもときどき）、私の戯曲を評して、「日本人は、こんなに、『えぇ』『まぁ』ばかりを連発しない」といった類の批判を浴びたことがある。

だが、これは、その批評家たちが、日常の言語を細密に見ていない証拠だと私は思う。

日本語は比較的、冗長率の高い言語だと思うが、たしかに日常の会話においては、それほど「えぇ」「まぁ」ばかりを連発しているわけではない。冗長率が高くなるのは、見ず知らずの他人と話すいわゆる「対話」を始めたときである。

対話のなかには、言いよどみ、戸惑い、ぼかし、謙遜《けんそん》など、意味と関係ないが、人間のコミュニケーションには深く関わる要素が、日常の「会話」よりも多く入らざるを得ない。私の戯曲は、できるだけ、この対話を描いているのであって、当然、「あぁ」「えぇ」「まぁ」が連発されるのも、この対話の場面においてである。

というわけで、この冗長率を意識的に高めていくというのが、日本語の話し言葉、特に対話の描写においては重要なポイントとなる。ただ、まぁ、こんな技術や知識は、日常の言葉遣いの上では、あまり役にも立たないだろうが。

フランス戯曲『われらヒーロー』の改訂作業も、ここまでのところは比較的簡単に進んだ。私は第一次改訂作業を終えて、フレデリックの来日を待ち、稽古初日に臨んだのだった。私は、普段から稽古場でも、台詞をどんどんと変えていく方である。稽古場にノートパソコンを持ち込んで、台詞の変更を俳優に指示しながら、同時にパソコンに書き込んでいくという方法を採っている。

もちろん、これは自分の作品だから自由に変えられるのだが、作家と演出家を兼ねる人でも、稽古場に入ったらもう一字一句変えないという人もいる。私の場合は、他人の戯曲の演出を引き受ける際にも、稽古場で自由に戯曲を変えることを条件として引き受けている。これは演出のスタイルの違いでもあるので、どちらがいいと一概に言えることではない。

念のために申し添えておくと、本来、書かれた戯曲は、一字一句変えずに上演されるべきものであって、戯曲の変更はすべて劇作家の許可のもとに行わなければならない。著作権とは、単に上演許可の権利だけを指すのではなくて、作品の同一性が保たれることが重要なのである。私が、「自由に書き換える」と言うとき、その前提には、演出家と劇作家の間に、それだけの深い信頼関係と共に、法的に有効な約束もあるということだ。また逆に、それだけの関係がなければ、私は演出を引き受けられない。

話が逸《そ》れた。

今回の場合は、稽古の現場に入ってから、二度目の改訂作業を始めた。今度は、俳優が台詞を言っていくなかで、主に語順を換える作業を中心とした。

語順は、戯曲翻訳の問題のなかでも大きな比重を占める。英語、仏語などの原文を機械的に忠実に訳せば、日本語の場合、結論は文の最後にくる。

「私は、今日、渋谷駅から電車に乗って、新宿で乗り換え、御茶ノ水駅に行かなかった」

といった文章を、台詞としてもし聞いたら、観客は当然、御茶ノ水駅に行ったものだと思って聞きながら、最後の「行かなかった」で、がくっときてしまうだろう。フランス語では、結論は主語のすぐあとにくる。だが、本来は、日本語でも、こういった場合は、結論を先に言っているのだ。たとえば、

「今日さ、行けなかったんだよ、御茶ノ水。渋谷から新宿で乗り換えて行くつもりだったんだけど」

という具合だ。

稽古場では、丁寧に、一つひとつの言葉、原文を参照しながら、どの情報がどの順番で観客に示されるべきかを考えて、語順を整える作業が続いた。

こうして私たちは、最後に、もっとも大きな壁にたどり着いた。文化、風俗の違いという奴だ。フランス人が何を大事に思い、何を愛し、何を憎んでいるのか。それが理解できなければ、とうてい日本の観客には理解不能な台詞や論理展開がいくつも出てきた。

どうにか原作の持ち味を残しながら、日本の観客にも理解可能な言葉を見つけだす、それはとても刺激的な作業だった。

私の作品も、幸運にも、いくつかの言語に翻訳されている。作家としては、読者層が格段に広がるわけだから嬉しい限りである。ところがよく、戯曲の翻訳に関して、
「ニュアンスは伝わらないでしょう」
などという言葉を聞く。これは、とんだ思い上がりではないだろうか。

同じ日本語を使っている日本人同士だって、ニュアンスが伝わらないことは沢山あるのだ。劇作家と演出家、演出家と俳優のあいだなんて、ニュアンスのすれ違いの連続だ。

もちろん、同じ言語を話すということは、共通の理解を得られやすい。逆に翻訳には、これまで見てきたように、いくつもの困難、いくつもの壁がある。それでも、私は、その壁は乗り越えることができると考えている。現に私たち日本人は、私たちな

りの理解の仕方で、シェイクスピアに感動し、ドストエフスキーに心打ち震えるではないか。

問題は、ニュアンスの隔たりをすりあわせていく意思があるかどうかということだ。今回のフランス人との共同作業は、演劇を創ることの困難と楽しさを、あらためて私に思い出させてくれた。他者と出会い、他者の価値観と自己の価値観をすりあわせて、無から有を創造する演劇は、やはりスリリングな芸術である。

（一九九九年五月）

敬語は変わる

いよいよ、フランスでの公演のプロジェクトが動き始めた。まずフランスに行って、六〇人ほどの俳優と会い、オーディションを行った。いずれもフランスの国立演劇学校を卒業した演劇エリートであるから、演技はうまい。

だが、面白い発見もした。

オーディションでは、テキストとして、私の戯曲『東京ノート』をフランス語に翻訳したものを使った。帰国後すぐに、たまたま自分の劇団内でも、『東京ノート』の新配役を決めるためのオーディションを行った。そうして客観的に見ると、私の戯曲を演ずるに当たっては、どうもうちの劇団の俳優の方が、フランス人の俳優よりも数段うまく見えるのだった。

もちろんひとつには、日本の俳優たちの方が、私の戯曲に慣れているということもあるだろう。だがそれより大きいのは、私の戯曲が、日本語のコミュニケーション、日本語のコンテクストを前提として書かれているという点だ。

一般に、日本の演劇界では、欧米の俳優は演技がうまいということになっている。だが、欧米の俳優が演ずるのは、たいていの場合、欧米の言葉で書かれた戯曲のなかの役柄である。その演技を、日本人の俳優がシェイクスピアやチェーホフの戯曲を演じるのと比べて、「やっぱり、本場の俳優はうまいや」というのは、どうも不公平な話だ。また、欧米の俳優の演技術を、ひとつの演技の規範として、それを神聖なもののように真似しようとするのは、ナンセンスなことだ。

私は、大学時代、韓国に留学し、彼《か》の地で韓国語を習得した。私の通っていた語学学校のクラスには、日本人、在日韓国人の他、アメリカ人、フィリピン人、ドイツ人などなど、様々な国籍、様々な人種が入り交じっていた。

私たち日本人（あるいは日本語を母国語とする在日韓国人）は、このクラスでは圧倒的な優等生だった。韓国語の文法と、日本語の文法が酷似しているためだ。最劣等生は、外国語の習得という行為自体に慣れていないアメリカ人だった。私は、「日本人は語学が苦手」という通説が、デタラメだということを痛感した。

今回のオーディションを通じての経験も、これと多少似たところがある。言葉、文法の違いというものは、語学の学習においても、演劇においても、想像以上に大きな影響力を持つ。この構造上の差異を無視して、能力の優劣を語ることには意味がない。

さて、ここからが今月の本題。

パリの次に滞在したロンドンで、留学中の若い友人に会った。言葉の問題をいろいろと話すうちに、外国人に日本語について紹介するときに、敬語を説明するのが一番難しいという話になった。

たしかに日本語の敬語表現は、世界的に見ても、おそらくもっとも複雑な体系を持っている。なにしろ日本人でさえ満足に使いこなすことが難しいのだから、日本語を習得しようとする外国人にとっては、悪魔のような関門だろう。私たちが、関係代名詞や仮定法過去に苦労したように。

たしかに日本語の敬語表現のほとんどは、英語に直接的に訳すことができない。それは、英語には、同様の表現がないということだ。

そこで私は、外国人に敬語について簡単に説明するときには、これは、関係を表すための語形の変化に近いものだと言うことにしている。

英語は、時制によって、動詞の語尾が変化する。また、人称によっても変化が起こる。普通の動詞は、三人称、単数、現在の場合のみ「s」が付くわけだが、これが、ｂｅ動詞などになると、さらに複雑な変化をする。仏語の変化はもっと複雑で、人称、時制、単複によって様々に変化する語尾が初学者を悩ませる。
日本語の場合には、人称による変化はない。

私が行く
君が行く
彼が行く

というように、人称が変わっても、動詞がそれに応じて変わるわけではない。
しかし、敬語による動詞の使い分けは、動詞の活用に近いものがある。たとえば、

一人称……今日、私は、会社に参ります。
二人称……今日、（あなたは、）会社にいらっしゃいますか？
三人称……今日、彼は、会社に行きます。

といった具合である。
だから、欧米の人々に、日本語の敬語体系について簡単に説明するときには、

「あなた方の言語は、人称によって動詞の語尾が変化する。一方、日本語では、話者と相手との関係によって、あるいは話者と話題の人物との関係によって動詞や助動詞そのものを使い分けるときがある。難しいだろうけど」

と述べるといいのではないか。

と、こんなことを常々考えていたら、敬語に関して、ずいぶんと明快に記述した書籍が現れた。

『敬語はこわくない』(井上史雄著・講談社現代新書)は、敬語を、社会制度の変化に応じて変わっていく動的なものとして捉え、その変化をわかりやすく解説している。

この文中に、

明治時代に日本語の敬語を研究した欧米の言語学者の中には、敬語は人称を示すと考えた人がいたくらいである。

という記述があった。まず私の説明も、あながち間違ってはいなかったということだろう。

井上氏も書いていることだが、逆の見方をすれば、私たち日本人は、敬語を使用することによって、主語を明確にしているのだ。

特に、日本語の話し言葉においては、主語はほとんど省略されるが、それでも意味が通じるのは、敬語（丁寧語などを含む広い意味での）によって関係を明瞭《めいりよう》にしている点が大きい。

井上氏は、この点について、さらに次のように記している。

ところが、自分と相手が同じ程度の敬語を相互的に使って話すようになると、敬語で人称を示すことが難しくなる。コミュニケーションの場で誰のことをいっているかが分かりにくくなり、誤解を避けるには主語を明示する必要が生じる。

社会の身分差に応じて敬語が使い分けられる状態から、お互いを尊重して、平等な形で相互に敬語が使われるようになるといった変化を、井上氏は「敬語の民主化」と呼んでいる。この傾向は、社会の民主化と並行して、ほぼ世界的に見られる現象だという。

また、社会の仕組みが複雑になると、新しい人間関係が生まれてくる。「年下の上司」や「女性の上司」などは、その典型的な例である。このような新しい人間関係は、一時的に、従来の敬語の体系を乱す原因になる。人称代名詞の使い方にも、混乱が起きるだろう。

だが私たちは、この乱れを怖れてはならない。新しい、より民主的なコミュニケーションの方法を、時間をかけて生み出していけばいいのだ。

日本語は、「I」や「YOU」のような、単純で汎用《はんよう》性のある人称代名詞を持っていない。「私」「僕」「オレ」「あなた」「君」「おまえ」と、私たちはいつも使い分けに苦労する。親しくもない奴に、急に「おまえ」よばわりされても困るし、「君」や「あなた」も、よそよそしい感じがする。

だが、もしかすると、敬語の変化のなかで、五〇年、一〇〇年のちには、もっと使いやすい（誰に対してでも使うことのできる）人称代名詞だって生まれてくるかもしれない。敬語も、丁寧語を中心として、外国人にも学びやすい、より体系的なものに変わっていくだろう。

肝心なことは、私たちが、他者を大事に思い、他者とのコミュニケーションを円滑に進めたいと願う意思、気持ちの側にあるのだ。そこを出発点として、敬語の変化を捉えていくなら、まさに「敬語はこわくない」のである。

（一九九九年七月）

ため口をきく

演劇集団・円で、岸田今日子さん主演の新作『遠い日々の人』を演出するために、毎日、沼袋の稽古場に通っている。新しい集団、新しい人々との仕事なので日々発見がある。

出演者の三〇代前半の中堅女優の方と話をしていて、面白いことを聞いた。彼女は御多分に洩《も》れず、舞台のないときは居酒屋でアルバイトにいそしんでいる。幸か不幸か、バイトの経歴も長くなり、店長の信頼厚く、新人の面接官兼教育係になった。

ある日、なかなかしっかりした二十歳《はたち》くらいの女の子が面接に来て、即採用となり、その日から働くことになった。ところが、職場にはいるといきなり、対等な言葉遣いで話しかけてくるのだという。

「〇〇（呼び捨て）、これ、どうすんの？」てな感じである。

通常、こういったものの言い方を、「ため口をきく」と言う。どうも語源ははっきりしないらしいし、辞書にも載っていないのだが、比較的古くからあるスラングだ。

「ため」というのは、「同じ」「対等な」という意味だが、基本的に言葉遣いと年齢についてしか使われないところに特徴がある。

応用編としては、以下のような例があげられる。

「平田さんって、おいくつですか？」

「三六歳」

「なんだ、ためじゃん」

この場合、「ためどし」だと判った瞬間から、いきなり「ため口」になるのが重要なポイントである。

さて、この「ため口」が、いま、様々なところで波紋を呼んでいるようだ。『日本経済新聞』九月一〇日の夕刊に、以下のような記事があった。

「ため口（友達口調）職場で使うのは『作戦さ』」（大見出し）

「自信のほど　アピール」（中見出し）

「相手と友達口調で話す『ため口』。これを目上にも平気で使うのは学生の専売特許と思いきや、ビジネスの現場でも若い世代を中心に使われ始めている」（前文から抜粋）

記事の中身を見てみると、会議の席上などで、意図的に年上に向かってため口をきくことで、以下のような成果が得られるとされている。

・交渉を円滑に進める。
・相手の関心をつなぎ止める。
・議論が白熱した場合でも、周囲から敬語を使われている人（年上）の意見に従うことにならない。あいまいさが排除される。
・ぞんざいさが、かえって自信をアピールする。

まぁ、読者諸氏には、反論もあるだろう。私でさえも、ちょっと、どうかな、自分に都合がよすぎるんじゃないのという感じもするのだが、ひとつの言葉遣いの潮流としては、理解できなくもない。

前回の敬語についての記述でも触れたように、日本語の話し言葉においては、新しい関係が、新しい言葉を要求する。特に敬語は、関係が複雑になればなるほど、ニュートラルなものになる（敬語の民主化）といえる。

新しい関係とは、前回も説明したように、「女性の上司」や「年下の上司」といった、近年急速に増えてきたこれまでにない関係のことである。さらに、たとえば、以下のような関係を想像してみてほしい。

小渕……三〇歳、A社の平社員
加藤……二八歳、A社の係長、すなわち小渕の年下の上司
山崎……二八歳、取引先B社の係長、小渕の大学時代のラグビー部の後輩、加藤の
　　高校の同級生

ちょっと、言葉だけで説明すると複雑になってしまうのだが、要するに、加藤と山崎は高校の同級生で仲がいい。小渕は、山崎のラグビー部時代の先輩で、大学の時には山崎を奴隷のように使っていた。

さて、この三人が、ホテルのラウンジか何かで、酒でも飲むことになった場面を想像してほしい。彼らは、いったい、どんな言葉で話すだろうか。

小渕は上司である加藤に対して丁寧な言葉を使う。加藤は小渕に対して、ぞんざいな表現。小渕は山崎に対しては、なんでも命令口調になる。加藤と山崎はため口。山崎は、小渕に対しては常に相当丁寧な敬語。

従来の関係からいけば、こうなのだが、実際には、数十分話していくなかで、この

場で使われるべき新しい言語のレベルといったものが決定されてくるのだろう。まぁ一般的には、小渕が加藤に対して使っている丁寧な表現を基準として、当たり障りのない敬語レベルに落ち着くはずである。加藤が、日頃から、「年上の部下」である小渕に対して、比較的丁寧な言葉を使っていれば、そこが基準となるかもしれない。

ただ、この場合も、全員が「ため口」になるということは、まずないのではないか。人間の言語習慣というのは、そう急に変わるものではない。

「ため口」に関する記事のなかにもあったように、敬語は、ある種の権力性を持つ。敬語を使われる対象（目上）が「なんとなく」偉いような感じになり、それがただ偉いだけではなく、議論のなかでも、「なんとなく」正当な意見のように聞こえてきてしまい、会議をリードしてしまうのだ。

友人の大学教授の話によると、大学生が同学年、同年齢で議論を闘わせているうちはいいのだが、年齢に幅の出てくる大学院や研究室での議論となると、この日本語の特性は、相当やっかいな存在になってくるらしい。これに男女の言葉遣いの差も加わるので、事態は余計に複雑になる。

ひとつの解決策は、議論で使う言葉の新しいルールを作ってしまうことだ。最近は取締役会を英語でやる企業があるようだが、これなどはその典型的な例である。年齢差、男女差による言葉の使い分けの少ない他言語を利用するわけだ。だが、まぁ、これは「日本語をどうしていくのか」という本文の趣旨に反するので、ここで詳しくは触れない。

他にもたとえば、ディベートという競技のなかでは、全員が対等な言葉を話すし、言葉の男女差もほとんどない。だが、これも実際には、難しい問題を含んでいる。ディベートで使われる言葉は、日本語の話し言葉からは遠く離れた特殊な言語である。会社の企画会議などでこれを使うと、相当とげとげしいものになって、人間関係を崩しかねない。ルールとはいえ、現在の言語環境を極端に逸脱したものは、なかなか急にはなじめないだろう。いや、結局のところ、とってつけたように言葉遣いの新しいルールを作っても、そこには限界があるのだ。

先に私は、年下の上司である加藤が、部下の小渕に対して、日頃から丁寧な言葉を使っていれば、それがある種の基準となると書いた。すなわち、常日頃から、対等な人間関係を作る努力をしているかどうかが問われるのだ。

最近、職場で役職名を使わずに、上司も部下も「○○さん」と「さん付け」で呼ぶように決める会社が増えてきている。これなどは、日頃から対等な人間関係を築こうとする例だといえるだろう。部署の転換などで新しい複雑な人間関係が生まれても、このシステムなら対応可能だ。また会議の席でも、役職名による固定された上下関係から、多少なりとも解放される。日常生活でも、「さん付け」で呼び合っているわけだから、議論の過程で人間関係を崩すこともない。「ため口」に関する新聞記事で、私が感じた違和感も、実はここら辺に原因があるのかもしれない。

対等な雰囲気を出すために、意図的に「ため口」を使うという点に、若干の疑問点が残るのだ。対等な人間関係を築こうとしない年上者に対するせめてもの抵抗としてならば、理解できなくもないが……。

これからの話し言葉、コミュニケーションにおいて重要なのは、単なる小手先の方法ではなく、いかに対等な人間関係を作っていくかという態度である。その点からいくと、「ため口」ブームは、意外と短く終わるのではないかと思わざるを得ない。もっと新しい、もっと柔軟な「態度」をこそ、私たちは発見していかなければならない。

（一九九九年九月）

対話のない社会（一）

「日本人の新しい対話の形をさぐる」と大見得を切って始めた連載も三年目に入り、いよいよ二一世紀も間近（二〇〇一年が二一世紀の始まりとする説が有力だが、二〇〇〇年ともなれば、やはり気分は二一世紀である）に迫ってきた。ここら辺で話を整理しておこう。

連載第一回に、私はまずもって、対話と会話を区別して考えなければならないと書いた。「会話」とは、お互いの事情をよく知った者同士の気軽で気楽なお喋《しゃべ》り。「対話」とは、お互いのことをあまりよく知らない者同士が、「知らない」ということを前提として行う意識的なコミュニケーション。とまぁ、こんなふうに定義をしてきたわけだが、ここでちょっと、難しい問題に出会ってしまった。

私はいま、三省堂の中学二年生向けの国語教科書に、「対話を考える」という書き下ろし原稿を書いている。教科書というのは、できあがるまでにたいへん時間がかかるものらしく、一度教科書見本を作って、現場の教師の反応を見てまた作り替え、さらに文部省の検定を受け、またまた現場の教師に採択のための検討をしてもらうということになっている。

さて、そこでも私は、会話と対話の違いについて中学生向けの文章を書いたのだが、これがどうも中学生には判りにくいのではないかという意見が出てきた。これまでの通念では、会話というのは「ただ喋ること」、対話というのは「一対一で喋ること」といった程度の認識だったようだ。

おそらくこれは、「会話」「対話」という漢字の字面から来る印象が強いためもあるのではないだろうか。会話というのは、なんだかこう、輪になって喋る感じ。対話は、面と向かってしっかりと喋る感じ。また、「対話」は「会話」に含まれるという印象を持っている人も多いようだ。

これはもう、まさに言葉の問題だから、いかようにも定義付けはできるだろう。私は私でその定義付けをはっきりさせようと試みているのだが、ひとつだけはっきりと言えることは、「会話」と「対話」の語源になっている「Conversation」と「Dialogue」に関しては明確な違いがあり、決して「Dialogue」が「Conversation」に含まれることはないだろうという点だ。

そこでもう一度、「対話」についてのきちんとした定義をしておこうと思うのだが、この点に関しては、私がくどくど説明するよりも、『〈対話〉のない社会――思いやりと優しさが圧殺するもの』（中島義道著・PHP新書）という素晴らしい本が出版されている。

この本のなかで中島氏は、対話の基本原理を一二ヵ条にわたって書かれている。それをそのまま載せると、ほとんど引用の範囲を超えてしまうので、ここでは本連載に特に関係のある箇所だけを抜き出して考えてみる。興味のある方は、ぜひ書店にてお買い求めいただきたい。

まず氏のあげる第一の原理は、対話は「あくまでも一対一の関係である」という点である。これは、先に掲げた「対話というのは、単に一対一で喋ることではない」という私の説明と矛盾するようにも見えるので、若干の解説が必要だろう。

中島氏が書いているのは、「一対一の関係」ということである。実際に対話が行われる場での人数は、二人でも一〇人でも構わない。ただ、「談話」や「教授」と違って、一方的な「一対多」の関係にならないこと。また、そこに参加する人々が、一人ひとり、たしかな価値観や人生観を持って、そのコミュニケーションに参加していることが重要になる。

「対話」の典型的な形であるプラトンの著作などでも、ソクラテスはたいていの場合、複数の弟子たちと問答を交わしている。しかしソクラテスは決して、一方的に弟子たちに知識を伝えたり（談話）、教えたり（教授）、説得したり（討論）しているわけではない。あくまでお互いの価値観をぶつけ合うなかで、普遍の高みへと昇ろうとしているのだ。

他にも中島氏は、対話の基本的な原理として、次のような点をあげている。

・自分の人生の実感や体験を消去してではなく、むしろそれらを引きずって語り、聞き、判断すること。
・相手との対立を見ないようにする、あるいは避けようとする態度を捨て、むしろ相手との対立を積極的に見つけてゆこうとすること。
・相手と見解が同じか違うかという二分法を避け、相手との些細な「違い」を大切にし、それを「発展」させること。
・自分や相手の意見が途中で変わる可能性に対して、つねに開かれてあること。

「会話」が、お互いの細かい事情や来歴を知った者同士のさらなる合意形成に重きを置くのに対して、「対話」は、異なる価値観のすり合わせ、差異から出発するコミュニケーションの往復に重点を置く。

対話は、単に自分を他人に紹介することではない。対話は初対面の人間とのみ行われるものでもない。ごく親しい人との間でも、異なる価値観のすり合わせが必要となる場合には、対話的なコミュニケーションが要求される。

かつてこの連載のなかでも、演劇、ドラマは対話から始まると書いた。その恰好《かっこう》の例は『忠臣蔵』だ。『忠臣蔵』の四十七士たちは、江戸と赤穂に勤務地が分かれていたとはいえ、基本的には勝手知ったる間柄である。ところが、これが血気盛んな若殿様の前後見境ない行動のために、お家断絶という大きな運命に直面する。

その日まで、すなわち江戸からの早駕籠《かご》が到着する日まで、赤穂の武士たちは、おそらく日がな一日、藩の雑務を円滑に進めるための合意形成を目的とした「会話」だけを繰り返していたはずなのだ。ところが、彼らは、思っても見なかった大きな運命に直面し、初めて個々人の価値観、世界観（ここでは、藩や忠義に対する考え方や、個々人の身の処し方）の相違を認識する。

おそらく彼らは、それぞれが、隣にいる人間が、こうも自分と違う考え方をしていたのかと驚いたことだろう。この驚き、戸惑いが疑心暗鬼を呼び、忠義と裏切りの物語を生み出して、『忠臣蔵』を不朽の名作としているのだ。

価値観の差異に気がついた義士たちは、生まれて初めて「対話」を始める。自分の経験と未来を賭《か》けて意見を表明し、(江戸時代の封建社会のなかであるから、限られた範囲であろうが、身分を超えた発言もし) また他人の意見に耳を傾け、そして最終的な結論を出し行動する。『忠臣蔵』が現在も上演可能で、様々なバリエーションを生んできたのは、こういった「対話」の構造を内包しているからである。

さらに「対話」を考えるうえで重要なことは、「ディベート」「討論」との差異だろう。ディベートは、自分の価値観を主張し、その価値観と論理によって相手が説得されることが最終的な目的となる。だが、対話は、中島氏も指摘している通り、自分の価値観と、相手の価値観をすり合わせることによって、新しい第三の価値観とでもいうべきものを創り上げることを目標としている。だから、対話においては、自分の価値観が変わっていくことを潔しとし、さらにはその変化に喜びさえも見いだせなければならない。相手の意見に合わせるのでもない。自分の意見を押し通すのでもない。新しい価値創造の形が、いま必要とされているのだ。

(一九九九年一〇月)

対話のない社会（二）

前回は、「対話」の特徴について、中島氏の著書を引用しつつ、定義付けを試みてみた。今回は、ではその「対話」が、現代日本社会になぜ欠けているのかを書いていこうと思う。

中島氏は、以下のように書いている。

わが国では、ウチにおいてもソトにおいても中間地帯としての世間においても、他者と正面から対立する場がない。自分と他者との（微妙な）差異を正確に測定したうえで、その差異を統合しようとする場（ここに〈対話〉が開かれる）が完全に取り払われているのだ。

そして、そんな日本社会に、少しでも対話の要素を入れていくことで、次のような社会を目指そうではないかと提言している。

・弱者の声を押しつぶすのではなく、耳を澄まして忍耐づよくその声を聞く社会。
・漠然とした「空気」に支配されて徹底的に責任を回避する社会ではなく、あくまで自己決定し自己責任をとる社会。
・相手に勝とうとして言葉を駆使するのではなく、真実を知ろうとして言葉を駆使する社会。
・「思いやり」とか「優しさ」という美名のもとに相手を傷つけないように配慮して言葉をグイと呑み込む社会ではなく、言葉を尽くして相手と対立し最終的には潔く責任を引き受ける社会。
・対立を避けるのではなく、何よりも対立を大切にしそこから新しい発展を求めてゆく社会。
・他者を消し去るのではなく、他者の異質性を尊重する社会。

私もこのような社会を素晴らしいと考えるが、しかし、その道のりは遠いだろう。日本人が他者との対話を苦手とするという点は、この連載でも、たびたび触れてきた中心的な課題である。だが、それは歴史的な観点からとらえると、仕方のない部分もあるのではないかと私は考えている。

まずもって日本人は、非常に流動性の低い社会に暮らしてきた。日本文化や日本語に関して、特殊性ばかりを強調するのは、あまりよくないことだということは承知している。しかし、この「言葉における他者の不在」に関してだけは、やはり日本語は、世界的に見ても特異な部分があると言わざるを得ないだろう。

現在、一億人以上もの人間が使用し、独自の高度な文化を築いている言語で、日本語ほど、他国語の影響を長期間受けなかった言語は珍しい。いや珍しいというより、ほとんど世界で唯一と言ってもいいのではないだろうか。

もちろん、漢字の流入から、かな文字の成立まで、日本の文字文化の黎明《れいめい》期までは、日本は、いまでは想像もできないほどの多民族国家だったのだろう。平城京の人口の数十パーセントが渡来人だったといった推測もなされている。

ところが、一〇世紀以降、すなわち八九四年の遣唐使の廃止に象徴される「国風文化」の成立以降、日本は、文化的には事実上の鎖国に近い状態になった。そこから、一九世紀の「開国」まで、約千年にわたって、日本と日本人は、他国に征服されることなく、また他国を征服することもなく、独自の発展を遂げた。倭寇《わこう》や豊臣秀吉の朝鮮半島への侵略、あるいは南蛮貿易といった接触や交流はあったが、文化の本流を変えるほどの大きな支配／被支配の関係は起こらなかった。

言語の面でも、この千年間、日本は、他国の言語、文化の影響をほとんど受けてこなかったと言ってもいいだろう。この文化的孤立は、世界史的に見ても特異なことなのだということ、そしてこの孤立が、よきにつけ悪しきにつけ、日本文化のある特殊性の大きな原因となっていることを、私たちはもっとしっかりと認識しなければならない。

さらに、安土桃山時代以降の約三〇〇年は、極端に人口流動性の低い社会が、日本全土に形成された。人口の大半を占める農民たちは、生まれてから死ぬまで、自分の藩、自分の村の外に出ることもなく、他国はもとより他地域の文化に触れることさえなかった。

まずもって、このような社会では、「対話」は必要とされないであろう。なにしろ、生まれてから死ぬまで、人々は「他者」とは出会わないのだ。こういった狭い閉じた社会では、村のなかで、知り合い同士が、いかにうまく生活していくかだけを考えればいいのであって、そこから生まれる言語は、同化を促進する「会話」のためのものが発達し、差異を許容する「対話」が発達してこなかったのは当然だろう。

日本語は、ある閉じた集団のなかで、曖昧《あいまい》にコンセンサスを形成するのには、とても優れた言語である。これは別に、皮肉を言っているわけではなく、はっきりと日本人が誇りにしていいことがらだと思う。俳句、短歌といった、短詩形の文学が発達したことなどは、その象徴であろう。また日本人同士なら、「なんとなく分かる」という日本語の合意形成能力は、日本人が集団や組織で活動するときには、大きな力を発揮してきた。この点もまた、他国、他文化に対して、なんら卑下するところのない、誇るべき特徴であろう。こういった日本文化を、コミュニケーションの面から考えると、「分かり合う文化」と呼ぶことができるのではないか。

さて、このような独自性を持つ日本語や日本文化も、明治以降、近代化、西洋化の時代を迎えることを余儀なくされた。

日本は、封建制のくびきから解き放たれ、地域的にも、そして社会制度のうえでも、流動性を持った社会を形成し始める。学問や努力によって立身出世が可能となり、また身分を超えた恋愛なども登場する。そのとき日本人が、血のにじむような努力をし、新しい社会のための新しい日本語を生み出してきたことは、過去のこの連載でも触れてきた通りである。

近代日本は、「演説」のための日本語を生み出し、「裁判（討論）」のための日本語を生み出し、「教授」のための日本語を生み出してきた。だがしかし、近代日本は、

「対話」のための日本語だけは生み出してこなかった。対等な人間関係に基づく、異なる価値のすり合わせのための日本語だけは生み出してこなかったのだ。

理由は明白であろう。近代日本の建設には、「対話」は必要とされなかったからだ。「対話」とは、異なる価値観をすり合わせていく過程で生じるコミュニケーションの形態、あるいは技術である。しかし明治以降一三〇年、日本国は、異なる価値観をすり合わせていく必要それ自体がなかったのだ。戦前は「富国強兵」、戦後は「復興」あるいは「高度経済成長」という大目標に向かって、日本国民は邁進《まいしん》してきた。その大目標から外れる価値観は、抹殺、弾圧、あるいは無視され、ついに「対話」を生み出す機会は得られなかったのだ。

では、なぜいまになって、「対話」が、これほどにも必要とされているのだろう。現代日本社会が必要とする「対話」の形式や技術とはなんだろう。私たちは、その点をこそ、真剣に考えなくてはならない。

（一九九九年一一月）

対話のない社会（三）

東京都文京区で子供の受験を巡って痛ましい事件（音羽お受験殺人――のちに受験だけが原因でないことが明らかになる）が起きた。私自身、目黒区駒場という進学校に囲まれた地域で生まれ育ったので、かの地域の雰囲気は判らないでもない。もちろん、私の子供時代には、まだ「お受験」などという汚らしい日本語はなかったが。

この事件が、私たちをどうしようもなくやるせない気持ちにさせるのは何故だろう。それはおそらく、容疑者の「仲良しのふりをするのに疲れた」という発言に象徴される、現代社会のコミュニケーションの薄っぺらさを、端的に現してしまったからかもしれない。

さて、前回までは、日本社会における対話の欠如という問題を、これまでの議論をまとめる形で取り上げてきた。要するに、日本社会はもともと対話という習慣を持たない社会であり、またそれは、明治維新後の近代日本においても変わらなかった。

ではなぜ、いま、「対話」が求められているのだろう。また私たちが求める対話の本質とはなんだろう。

現在、日本は未曾有の不況のなかにあり、将来に対する不安は拭《ぬぐ》うべくもない。今回の不況は、バブル経済崩壊後の景気低迷と、その処理を誤った政治的、経済的無策が連動して起こった複合不況である。また日本人の消費動向が大きく変わってきたにもかかわらず、その変化に対応するような新しい分野（例えば芸術、文化、福祉などの目に見えない商品）への投資を怠ってきたために起こった文化不況とも言える。

だが、何より深刻なのは、日本人の多くが自信を失い、「もう日本は何もかもダメなのではないか」と漠然とした不安を感じている点である。経済の上でも政治の上でも、日本はアメリカの属国となるのではないか、いやなっても仕方がないといった消極的な雰囲気が意識下に蔓延《まんえん》し、一方で保守派は、その反動から、超国家主義的な発言を繰り返すようになる。これはきわめて危険な状況だ。

日本人がいま感じている閉塞感や、将来に対する漠然とした不安の核心はなんだろう。私は、それは、経済の不安や、政治に対する不信から来るものだけではないと思っている。この不安の核心を一言で示そうとすれば、それは、「自分の幸せを自分で決めなければならないことに対する不安」とでも言えるだろうか。

先月号にも書き記したように、これまでの日本人は、富国強兵や所得倍増といったあらかじめ決められた共同体の大目標に沿って、企業や学校や地域社会のなかで生きていけばよかった。個々人の優劣は、決められた価値観のなかでの達成度（売り上げや偏差値）によって決められてきた。

だが、九〇年代、強烈なリストラの風が吹きまくり、学校はその存在意義さえも危うくなり、もはや企業も学校も、私たちを守ってはくれないし、生き甲斐も与えてはくれないことが明白になってきた。

二一世紀にも、まだまだ大きな集団は残っていくだろうが、それと同時に、芸術やスポーツやボランティアのためのきわめて小さなサークルが多数誕生し、社会のなかで大きな位置を占めるようになるだろう。おそらく企業、学校といった大きな集団、共通の趣味や目的を持った小さな集団、そして環境問題などを中心につながりを見せる新しい形の地域の市民集団、この三者が重層的に「日本社会」を形成するだろう（180ページの図参照）。

そして、この三者は、まったくなんのつながりもなく並存する。これが、従来の社会の枠組みと、もっとも異なる点である。

たとえば、従来の社会の在り方では、サラリーマンであるX氏は、A商事という企業に在籍し、社内のスポーツサークルで週末のサッカーを趣味とし、家族は社宅に住

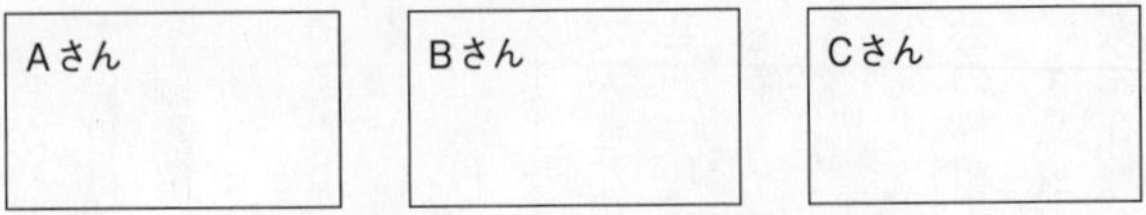

企業、学校といった従来型の大きな共同体

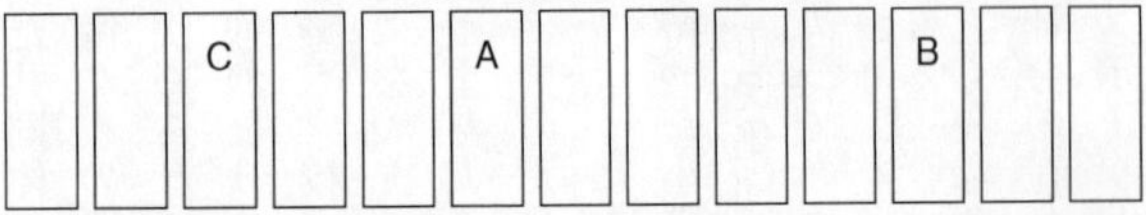

趣味や価値観をともにする小さな共同体

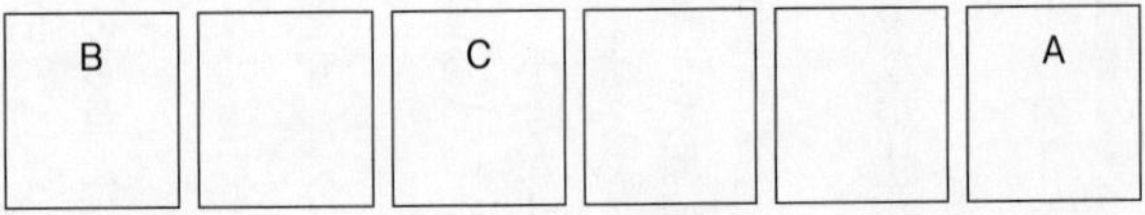

環境問題などの利害をともにする比較的小さな地域共同体

＊誰が、どの共同体に属するかは、個人の生き方によって自由に選択される。
＊どの共同体も、その大きさに関係なく、対等の関係を持つ。

新しい重層性のある社会

んでいる。X氏の夫人もまた、社宅内の趣味のサークルで絵を描いている、といった構図が一般的である。だが、新しい市民社会では、企業における経済的な活動と、個人の文化的生活と、地域社会における生活は、いったん完全に切り離される。そこにおいては、企業における仕事と、趣味のサッカーと、地域の環境問題は等価であり、どれに重点を置くかは、その場、その時の、個々人の判断に委ねられる。「自分にとって、いま、もっとも大切なものは何か」が常に問われるのだ。

日本の市民社会が成熟したものになるかどうかは、従来の単層的な社会から、このような重層的な社会に変革を成し遂げられるかどうかにかかっている。

だが、この重層性のある社会も、縦の関係がなければ、うまく機能しない。一つひとつの小さな集団が、その集団の価値観のなかに閉じこもって、外界との接触を断ってしまっては意味がないのだ。先ほど「いったん切り離される」と書いたのは、そのような文脈においてである。すなわち、いったん切り離され、重層化した生活は、ひとりの人間の人生、ひとりの人間の生活という部分を接点として、もう一度、強く結びつけられなくてはならない。ひとりの人間が、異なる価値観を持った複数の集団に所属し、それを均等に生活の場としながら、それぞれの価値観を対立させるのではなく、価値のすり合わせによって、集団にも個人のなかにも新しい価値を創造していかなくてはならない。

ちょっと議論が抽象的になった。要するに、それは以下のようなイメージだ。

企業活動において個人のボランティアの経験が生かされる。

サッカーのサークルのなかで地域社会との結びつきが深まる。

地域社会のなかで企業における活動や経験が評価される。

そういった異なる価値観を持ったサークルの横断的な交流が、地域社会全体の風通しをよくしていくだろう。

だが、現在のところ、残念ながら、この異なる位相の集団を結ぶ対話の言葉を、私たちは持っていない。

冒頭にあげた文京区での幼児殺害事件は、その典型だろう。

特異な事件の本当の内実は判らないが、一般論として考えても、受験戦争の低年齢化については、次のような指摘が可能だろう。

我が子の受験に奔走する妻には、企業戦士である夫の言葉は届かない。残業続きの夫には、新しい人間関係である「子供の受験仲間」において派生する妻のストレスは理解できない。もちろん幼児の寂しさは、両親には届かない。

東京大学の汐見稔幸助教授は、文京区での事件について、以下のように述べている。


「この世代の母親たちは、違ったバックグラウンドの人と付き合うのが苦手。自分が自分でいられる場をほかにつくっていたら、ここまで追いつめられることはなかったのでは」

「自分で人生をつくってきたという感覚が弱く今も自分探しの最中だが、専業主婦だと子育ての有能さを示すしか自己実現の方法がない」

（いずれも『京都新聞』九九年一一月二六日夕刊）


私たちは、新しい対話の言葉を見つけなければならない。難しい理想の話ではない。それはたとえば、サッカーのサークルの活動が、会社の仕事に何故優先するのかを、きちんと上司に説明できる言葉である。逆の場合だってあるだろう。会社の仕事が、家庭生活に優先すると判断したときには、そのことを家族にきちんと説明しなければならない。「仕事だから仕方がない」という説明は、もはや許されない。「男は、外に出ると色々たいへんなんだ」などというのは、実は私もそれに近い言葉を使うときがあるが、それ自体、最低の言語であると覚悟しなければならない。では、新しい対話のための、新しい言葉はどこにあるのだろう。勇気を持って、新しい言葉の在りかを探ってみよう。

（一九九九年一二月）

対話のない社会（四）

『東京ノート』のフランス語版を演出するためにフランスに来て、もう一ヵ月が経つ。様々な慣習の違いを乗り越え、初日を前に、いま私たちは大きな成果を上げつつある。自作をフランス語でフランス人俳優が演じるのに付き合うわけだから、まぁ言葉についても、いろいろと面白い体験をした。この話はいずれまとめてご報告したい。

さて、ここ数回にわたって私は、ときに中島義道氏の『〈対話〉のない社会』からの引用を交えながら、日本社会に欠如した「対話」的要素と、その将来における必要性を書きつづってきた。では、その「対話」を育てるための希望はどこにあるのだろうかというのが、今月の課題だった。

いささか唐突で、しかも手前味噌のようになるが、たとえば、その希望は、演劇のなかにある。と言ったら皆さんは驚かれるだろうか。

いまの日本の閉塞状況の根源は、社会全体が大きな目標を失い、「自分の幸せを自分で決めなければならないことに対する不安」を抱えているところにあると前回は書いた。もちろん、「ではもう一度、大きな国家目標をうち立てようではないか」という議論も成り立つだろう。それが昨今の新保守派とでもいうべき勢力の台頭の背景だ。この点については、いずれあらためて、もう少し詳しく述べたい。いまは演劇に話を戻そう。

西洋の演劇は、遠く二五〇〇年ほど前、ギリシャの地で誕生した。そのころギリシャには、民主制という新しい政治体制が誕生しつつあった。山形治江氏は、「ディオニュソス劇場の誕生」(『PT』第一号・世田谷パブリックシアター刊)という文章のなかで、以下のように記している。

演劇《ドラーマ》の不思議な魅力は、たちまち古代アテネ人たちの心をとらえた。ほぼ同じ頃、都市国家アテネは僭主政治から民主政治へと切り替わり、演劇祭開催の主導権は市民たちに移った。ディオニュソス劇場は世界最古の公共劇場となり、観劇は万人の権利とみなされるようになった。

このとき人類は、それまで体験したことのなかった「民主制」という新しい制度と出会った。この新しい制度に対する人々の驚きや戸惑いは、いかばかりのものだっただろうか。

なにしろ、これまでは、王様や貴族が決めてくれていたことを、すべて自分たちで決めなければならないのだ。自分たちがどう生きるべきか、自分たちの共同体はどこに向かって進んでいくのかを、自分たち自身で判断しなければならない。いや、「ねばならない」のではなくて、「していい」のであり、「できる」のだ。自分たちの生き方を、自分たちで決めていくのだ。

だが、困ったことに、その「自分たち」は、一人ひとりが、まったく違った考え方と生活を持っている。

ある者は、「老人の介護が大変だから社会や国家でどうにかしてくれ」と言う。「いや、うちには老人はいないから、オレの知ったことではない」と言う者もいる。「いやいや、いずれオマエも老人になるではないか」とたしなめる者が出る。「それはそうだが、老人の介護は家族でやるのが美徳だ」と訳知り顔で言う者もいる。いっこうに議論はまとまらず、いずれ殴り合いになるのがオチである。

どうもこれは、自分たちで自分たちのことを決めるというのは、その理想は素晴らしいが、実際にやってみると大変だ。選挙という方法も考えついたが、これは、この民主制を円滑に進めるための一手段に過ぎない。第一、選挙をするにしたって、その候補者を決めたり、誰に投票するかを考えたりするのには、やはり喧々囂々《けんけんごうごう》たる罵《のの》り合いをしなければならないではないか。さて、どうしよう。

だが、ここからが、ギリシャ人たちは偉かった。民主制を維持するためには、異なる価値観をすり合わせて、新しい価値観を創造していくなんらかのシステムが必要だ。しかも、それは、簡単な制度として手に入れられるものではなく、教育や日頃の鍛錬から得られる日常的態度が問われるらしい。そのことに直感的に気がついたギリシャ人たちは、「対話」という新しいコミュニケーションの技術を生み出し、その技術を鍛えるための訓練方法を編み出した。

哲学と、演劇である。

プラトンの諸著に代表されるように、哲学は、対話を前提とした思考と表現の規範であった。哲学的弁証法とは、いわば「対話」を高度に抽象化したものである。演劇もまた同様だ。演劇が、他者との対話を必然的に要求し内包するものであることは、この連載でも折に触れて指摘してきた。ギリシャ人たちは、この新しい表現技術を磨くことによって、民主制という新たな政治体制を乗り切ろうとしたのではあるまいか。

いや実は、民主政治が演劇や哲学を要求したのかどうか定かではない。あるいは演劇や哲学によって培われた対話の能力が、民主政治の発生を準備したのかもしれない。その前後の関係は判らない。だが、ギリシャが生んだこの二つの文化と民主政治に、なんらかの相関関係があったことだけは確かだろう。

民主政治、市民社会とは、異なる価値観、異なるコンテクストの共有を緩やかに行っていく社会である。どちらがどちらに強制するのでもない。時間をかけて、ねばり強く、ゆっくりと新しい価値観を創造していくのだ。そこでは、対話の技術が不可欠である。ギリシャで生まれた「演劇」あるいは「哲学」は、この「対話」の訓練であり、シミュレーションに他ならないのだ。

日本で近代演劇が本格的に始動したのは一九二四年、築地小劇場の開場からだといわれている。音楽や美術に比べて、近代化（ここではすなわち西洋化）が遅れたのには、いくつかの理由がある。もっとも大きな理由は、日本には歌舞伎、能、狂言といった当時の舞台芸術の世界的水準から見ても、圧倒的に優れたいくつもの「演劇」がすでに存在していたからだ。とりわけ歌舞伎は芸術産業としての地位を確立しており、外来の舞台芸術に、その市場を荒らされないようにという強い力が働いた。皇室に歌舞伎を見せるといった様々な画策があった。

だが、おそらく、演劇の近代化が遅れた本質的な理由は他にあるだろう。音楽や美術が、国家的な要請から西洋化を急いだのに対して、近代演劇は、明治日本の建設には邪魔でこそあれ、何も益をもたらすものではないと当時の指導者たちは考えたのではないか。演劇は対話を要求する。そして、先月号まで見てきたように、ひとつの大きな目標に向かって邁進《まいしん》してきた明治の近代化には、演劇も対話も必要なかった（もちろん、「演劇こそが民主主義の申し子だ」などと、いい子ぶるつもりはない。日本の演劇にも大政翼賛の歴史はある）。

二〇世紀中盤、日本、ドイツ、イタリアは、超国家主義に走り、世界を混乱と恐怖に陥れた。この原因は、経済や政治の局面からだけ見れば、国家統一や産業の近代化が遅れた帝国主義の後発国が、植民地の再分割を要求して起こした戦争だといえる。だが、それだけでは、まがりなりにも憲法や近代的な選挙制度を持っていたこの国家群が、どうして狂信的な国家主義を選んだのかの説明としては不十分だろう。

おそらく、近代化を急ぐ過程で、これらの国々では、共通して、対話を重んじる風土が熟成されなかったのではあるまいか。いや、それどころか、対話を圧殺する、他者の意見に深く耳を傾けない風土は、いまの日本にも残ってはいないだろうか。

ひるがえって、いま私の暮らすフランスは、とにかく、「対話」「対話」「対話」の国である。一時間半の通し稽古のあとに、必ず一時間以上の話し合いがある。それはただ、演出家が一方的に、感想や注意事項を述べるだけではない（これを日本では、「ダメだし」と呼ぶ）。俳優からも質問がどんどんと出て、それにまた演出家が答えていくのだ。

世界で最初の市民革命を行い、共和制を手に入れたフランスは、しかし、その政局を安定させるのに、なんと一〇〇年近い歳月をかけている。市民革命、ナポレオン帝政、王政復古、二月革命、第二帝政、パリ・コミューン。多くの混乱のなかで、フランス人たちは、多量の血を流しつつ、対話の大切さを学び取り、民主主義を熟成させた。

日本は、いま、成熟社会への移行という大きな時代の曲がり角にさしかかっている。ここで再び、大きな国家目標を掲げて、この経済危機を乗り切ろうとするのか（たとえば隣国韓国が挙国一致体制でＩＭＦ危機を乗り切ったように）。あるいは、対話を武器に、重層性のある新しい社会体制を、時間をかけて築いていくのか。しかも、一滴の血も流さずに……。

私たちはいま、大きな選択を迫られている。

（二〇〇〇年一月）

対話をはばむ捏造と恫喝

芝居を創るためにフランスに二ヵ月いて、帰国をしてみると、まぁ日本はあいもかわらず平和な国ではあるが、それでもいくつかの猟奇的な事件に驚かされる。特に新潟の少女監禁事件は、容疑者が私と同年齢（ちなみに連続幼女殺害の宮崎勤も同年齢である）ということもあって、帰国早々なんだか気分がとても悪くなってしまった。それに輪をかけて話題になっているのが警察の不祥事で、さらにさらに、批判の矛先は国家公安委員会にまで及んでいる。日本の官僚制度が、完全に制度疲労を起こしているということなのだろう。

言葉の面で面白いなというか、不愉快で心にひっかかったのは、国家公安委員会委員たちの切腹発言だった。たとえば、渡辺幸治元駐ロシア大使は、こんなふうに語っている。

警察庁長官が「辞職せしめた」と言ったように、二人は引責辞任している。いわば切腹で、役人にとって非常に不名誉なことだ。（覚せい剤事件を隠ぺいした）神奈川県警本部長とは違い、今回の件は刑罰法規に違反しておらず、懲戒免職は妥当でない。

（『西日本新聞』二〇〇〇年三月二日朝刊）

ところが、那須翔電気通信審議会会長は、こんなふうに言っている。

（引責辞職という）切腹は、名誉ある措置なんだ。もう、きょうは言うことはないよ。公安委員会の直すべきところは自分たちで直す。

（『西日本新聞』三月三日朝刊）

いったい名誉なのか不名誉なのか、どっちかはっきりしてくれという感じだが、それより何より、引責辞職＝切腹という比喩《ひゆ》自体が時代錯誤もはなはだしい。こんな感覚の人たちが国家の安全に責任を持つ立場にいると思うと薄ら寒い気さえする。さらに他の委員から「懲戒免職にするのは打ち首獄門と同じ」という発言もあったが、こうなるともう時代劇の見過ぎとしか言いようがない。

今回の処分が適切かどうかは、また議論が分かれるところだろうが、とにかくこういった言葉の使い方はよろしくない。これでは、まっとうな議論、対話にならないからだ。

この一連の発言は、なんだか一見正論のようにも聞こえるのだが、よく考えると変な点が多い。当たり前のことだが、まず県警本部長や管区警察局長は武士ではない。殿様に仕える武士と、国民に奉仕する立場の公僕と、その責任の取り方を一緒にしてもらっては困る。さらに、切腹は命を絶つことで、これも当たり前だが警察官僚が辞職をしても死ぬわけではない。第一退職金をもらって切腹する奴なんていないだろう。まぁ、この問題は、さすがに本人たちの方が恥じ入って、退職金を辞退する方向で話が進んでいるらしいが。

こういった意味のない比喩というのが、実は世の中には、けっこうまかり通っている。もちろん雑談のレベルでは、これはレトリックとして済まされるし、そこにユーモアがあればコミュニケーションの手段としても有効だ。だが、世間でそこそこに地位のある人が、こういう比喩をさも意味ありげに使って、自分の間違った主張をごり押ししたりするのは、罪悪としか言いようがない。

昨年、西村某という代議士が、暴言を吐いて防衛庁の政務次官をクビになった。あのときもちょうど、韓国から仕事で帰る機内の新聞で発言の内容を読んで驚いたのだ。思い出すのも胸くそが悪くなるような出来事だった。

さて、あの一連の発言、特に「強姦《ごうかん》されそうになったら云々《うんぬん》」というくだりを聞いたときから、なんだか喉《のど》のあたりに小骨が引っかかったように気になっていることがあった。いや、気になる対象さえも、そのときには明確ではなく、なんだこの不思議な不愉快さはと、ずっとしばらく考えていた。

少ししてから、旅の移動の新幹線のなかで、この間抜けな代議士の肩を持つエッセイを見かけて、ちょっと腑《ふ》に落ちるところがあった。『WEDGE』というJRの車内誌に、藤原繁士という人が以下のような文章を書いている。少し長くなるが引用してみよう。


ある アメリカの友人が話してくれた。

彼は1960年代の後半、ハーバード大学で学んでいた。ある日、女性の友人をディナーに誘った。彼が海軍からの派遣学生であることを知って、その女性が言った。「申し訳ないけど、私は反戦平和主義者なの」

彼は帰り道、ボストンコモン公園の真ん中で車を止め、その女性に尋ねた。

「もし、今ここにボストンストラングラー（当時ボストンで話題となっていた連続殺人犯）が現れて、君を絞め殺そうとしたら僕はどうするべきだろうか？　君を守るために殺人鬼と闘うべきなのか、それともすみませんが私は反戦平和主義者なので闘うことはできないと君に謝って君が殺されるのを傍観するか、逃げてしまうべきなのか？」

このあと、著者の西村弁護の文章が続く。はたして、これはどういうことだろう？　まず、これは本当にあった話のように書かれているが、真偽のほどはどうなのだろう？　いったい、こんな間抜けなアメリカ人が現実にいたのか？　デートのあとにこんなことを言ったら、いくら彼女が平和主義者であっても、横っ面ひっぱたかれても文句は言えまい。第一、この発言はセンスがなさ過ぎるし、マナー以前にこの人物の人間性が問われるだろう。

西村某の強姦論議や、この藤原氏の文章がくだらないのは、比喩の立て方がナンセンスだからだ。

さらに言えば、人間には問いかけてはならない問いというものがあるのだと私は思う。

たとえば夫は妻に対して、「オレとおまえの父親と、どっちが大事なんだ？」などと問いかけてはならない。人には、大事なもの、大切なものがいくつもあるし、それに確実な順位など付けることはできない。できないからこそ、その時、その状況下で、人間は一つひとつの選択に悩み苦しむ。その苦しみが人間の生の尊厳だとさえ言える。

だから女性の方も、「もしも私が強姦されそうになったら、あなたは命がけで助けてくれる?」なんてことを聞いてはいけない。いや、聞いてもいいけど、たいていの男は、一応、「もちろんさ」と答えるだろう。だがその答えにはあまり意味がない。たとえば次に、「相手を殺してでも?」とでも聞いてみようか。この問いかけの無意味さがより鮮明に判ってくるだろう。命がけなんていうことは、言葉で宣言できることではないのだから。

そういえば、缶コーヒーの宣伝で、そんなのがありましたね。ある男が、神田うのさんに向かって、「世界を敵に回してでも、僕はうのたんの味方だよ」と言ったら、本当に世界中が敵に回ってしまって、アパートが戦闘機に襲われるというやつ。「無意味な比喩」の無意味さをよく象徴した優れたCMだった。

私たちは、人それぞれ、様々な状況、様々な事情を引き受けて、つねに一つひとつの事柄に判断を下し、人生の時間を少しずつ前に進めている。その人生の小さな営みも、国家の大きな危機管理の判断も、現実から離れて行われることはない。「強姦されそうになったら云々」などという大ざっぱな比喩は、ここでは意味を持たないのだ。

ほとんど意味のない比喩を使って危機的状況を捏造《ねつぞう》し、恫喝《どうかつ》するように大衆を扇動するという手法は、戦前の超国家主義者や軍部などがよく使った手だ。「石油一滴血の一滴」「満蒙は皇国の生命線」。いずれもその類の捏造が入っている。

バブルのときにも、そんな主張があった。地上げを請け負った右翼たちは、「俺たちが地上げをしなければ、アジアの金融センターを香港やシンガポールに持って行かれる」とうそぶいていた。この大不況下では、「金融は経済の動脈」などといって、国民の税金が湯水のごとく注ぎ込まれた。これもまた、危機的状況の捏造である。

私たちが目指す「対話のある社会」は、まず何よりも、このような恫喝に屈しない社会である。おそらくここでは、「当たり前の感覚」が重要になってくるのだ。警察官僚は武士ではない。引責辞職は切腹ではない。戦争は強姦ではない。一対一の対話のなかで、しっかりとその「当たり前のこと」を主張していこう。必ずや、相手は、無理な比喩を塗り重ねることになるだろう。まさに新潟県警のように。

（二〇〇〇年二月）

新しいアクセントの世界

電車の中吊り広告の表現が目に余るというので、規制の動きがあるらしい。たしかに、女性にとって不愉快な表現などもあるだろうから致し方ないが、私はけっこう中吊り広告を丹念に読む方なので寂しい気もする。まぁ規制があってもユニークな見出しがすべて消えるわけでもないだろうから、さして心配することではないのだろうが。

さて、そんなことを考えながら井の頭線に揺られていたら、面白い中吊り広告を発見した。写真週刊誌『ＦＬＡＳＨ』の四月四日・一一日二週合併号の広告、一番の大見出しは以下のような文章だった。

中田英寿「こいつら殴りたくなりません」過激発言の意外真相

まずひとつは、私はちょうど、この「過激発言」事件が起こったとき、まだフランスにいて、その事件自体を知らなかったので、そこから来る関心があった。でもまぁ、それは当然、私の人生にとっては、さしたる事件ではない。

気になったのはやはり、「殴りたくなりません」という表記である。これは、ここだけを抜き出して普通に読めば、「私は、こいつらを、殴りたくありません」という意味で、それがなんで、「過激発言」なのか判らないことになってしまう。

読者の皆さんはどうだろう。この見出しを読んで、意味がすぐに理解できましたか？

七〇歳以上くらいの方だと、ちょっと「え？」となってしまうのではないだろうか。いや、七〇歳以上というのは、根拠もなく書いているので、実際、こういった言語習慣に関する感じ方は生活環境にも大きく左右される。孫と一緒に生活していて、日頃から若者言葉になれていれば、そう違和感はないという高齢者の方も多いだろう。

若い読者の大半は逆に、「何がそんなに問題なんだ？・」と思っているかもしれない。「そりゃ字面ではそうだろうけど、どう考えたって、これは文脈からして、中田が報道陣なりファンなりを殴りたいってことだろう」

とまぁ、そのご不満も判るが、もう少しこの問題にお付き合い願いたい。

たしかに文脈からすればそうなのだが、中吊り広告を見たときの一瞬の「?」感覚のことを考えてみたいのだ。

おそらく問題は、アクセントなのだ。

語尾を上げながら否定形疑問文で相手に同意を求める形は、「じゃないですか」と共に、広く若者に浸透している。

「今日、帰りにマック寄っていきません」
「平田オリザの芝居って面白くありません」
「西田幾多郎の哲学は難しくありません」

これらはいずれも、このままでは否定文のようだが、以下のように書きかえると、同意を求める文章になってしまう。

「今日、帰りにマック寄っていきません?」
「平田オリザの芝居って面白くありません?」
「西田幾多郎の哲学は難しくありません?」

『FLASH』誌も、せめてクエスチョンマークを付けてくれればよかったのだが、きっと見出し故に字数が許さなかったのだろう。そう思って、渋谷駅に降りてから、つい売店で当の雑誌を買ってしまった。ところが本文を見ると、さらに面白いことになっていた。本文の見出しでは、

「こいつら殴りたくなりません？」報道をめぐるピッチ外での騒動に日本のエースも困惑!?

ときちんとクエスチョンマークが付いているのだ。だが、さらにさらに、本文を読んでみると以下のようになっている。

そのときだった。中田が脇を固める警備員に向かって「大変ですよね、こいつらを殴りたくなりませんか？」と語りかけたのだという。

なんだ、なんだ、中田選手は、若者言葉の語尾上げ否定形疑問文なんてちっとも使

ってないじゃないか。ちょっと他も調べてみようと、インターネットで検索してみると、以下のような報道が見つかった。

空港関係者にガードされながら、もみくちゃになった感じで移動バスに乗り込んだ際に、空港関係者に「こいつらを殴りたくなりませんか」とポツリ。(『日刊スポーツ』二〇〇〇年三月一五日)

というわけで、やはり中田選手は、きちんと「か?」を付けて発語していたようだ。

すると問題は、わざわざそれを、今どきの若者言葉らしく表記した『FLASH』誌の側にある。

「大変ですよね、こいつらを殴りたくなりませんか?」

「こいつら殴りたくなりません?」

こう並べてみると、ずいぶんニュアンスが違う。こういったマスコミの、当事者たちもほとんど無意識の言語操作には気を付けなければならない。

アクセントに話を戻そう。日本語は高低アクセントを用いて、同じ単語、同じ表記でも意味が違う言葉や文章を作ることができる。逆にこの話し言葉を書き写そうとすると、アクセントの違いを表記できないので、ときに混乱が起こる。もちろん実際には、私たちは漢字という優れた表記法を持っているので、先のような混乱は滅多に起こらない。

「はしをわたろう」は普通、「橋を渡ろう」「端を渡ろう」というように書き分けられる。また文脈によっても、この区別は可能であって、「大きなはしを渡ろう」と書いてあれば、おそらくそれは「橋」の方だし、「道路のはしを渡ろう」なら、それは「端」を指すだろう。

だが、アクセントの使い方が人によって一定ではなかったり、世代や職種などによって意味の取り方がまちまちになるような言葉の過渡期には、多少問題が起こってくる。特に電子メールのような新しい世界では、このアクセントの問題はやっかいだ。

「もう、きらい」

という言葉は、一〇〇万組のカップルがあれば、一〇〇万通りの「もう、きらい」があると言っていいくらいに意味の深い言葉だが、悲しいかな、書き言葉では表記の方法は限られる。

「もう嫌い」「もうきらい」「もう、きらい」

とまぁ漢字を混ぜたり混ぜなかったり、読点をうったり、うたなかったりくらいしか工夫の余地がない。あとは、

「もう、きらい?」「もう、きらい!」「もう、きらい……」

さらには以前紹介した顔文字を付けるか、どんなに頑張っても、

「もう、きらい@@@@@」「もう、きらい¥¥¥¥¥」

このあたりが限界だ。いや、ほとんど意味は分からないけど、これで通じるカップルもいるかもしれないということ。

書き言葉は話し言葉の豊かさの何百分の一かしか表現できない。だからこそ、人類は、書き言葉であっても誤解を受けないような表記法というものを様々に考案し、言葉の革新を続けてきたのだろう。

もちろん、この努力はいまも続いている。私たちはメディアの言語操作にごまかされずに、日本語の豊かなアクセントを、素直に表記できる方法をさらに磨いていかなければならない。

（二〇〇〇年四月）

英語公用語論

ひと冬をフランスで過ごしたのちに帰国して、もうひとつ驚いたことがある。英語を第二公用語にといった議論が、まことしやかに行われていたことだ。

日本人というのは面白い民族だと、我がことながらつくづく思う。

一〇年前を思い出して欲しい。バブル景気のまっただなか、人々の多くは日本国を経済、文化ともに世界一の国家と信じ、もう欧米に学ぶべきことなど何もないと公言してはばからなかった。本当に、それはたった一〇年前のことなのだ。そしていま、この長引く不況のなかにあって、一転、日本人は皆自信を喪失し、経済、文化、政治、どれをとっても日本は、とうてい世界水準に追いつけない情けない国だということになってしまった。

これは、あまりに極端ではないか？

さて一方で、世は日本語ブームである。『日本語練習帳』といった類の本がベストセラーになっている。このブームが終わらないうちに、私もこの連載を手際よくまとめて、どさくさに紛れて出版してしまいたいくらいだ。

冗談はさておき、私の見るところ、この日本語ブームというやつは、一〇年から一五年を周期としてやってくる。

理由は簡単だ。風が吹くと桶屋が儲かり、不況になると日本語ブームになる。日本人はやたらと反省するのが好きだ。不況が来ると、とにかく猛烈に反省する。その反省は、日本文化全体におよび、協調性、柔軟性、団結力など、数年前まで日本の美徳とされていた点が、ことごとく諸悪の根元、唾棄《だき》すべきものと見なされる。そして詰まるところ最後には、日本文化の基幹をなす日本語についての反省に結びつく。

「日本語は非論理的である」

「敬語や、性による言葉の使い分けがあるのが、差別を助長する」

「漢字を覚えることに、日本の子供たちは無駄な時間を費やしている」

「子音と母音の繰り返しで、どうも日本語は平板だ」

不況になると、日本語は本当に立つ瀬がない。もちろん、そのなかから、日本語擁護派も現れて議論百出、日本語ブームとなるというのが私の推論である。だからこれは、日本語ブームというよりも、日本語論ブームといった方が正確かもしれない。景気の波は一〇年周期でやってくるという経済学説があって、これを「ジュグラーの波動」と言う。日本語論ブームも、この波動とほぼ同一の動きを示している。たとえば、昨今、文壇を騒がせている「キーボード入力害悪論」なども、その一変種と言えるだろう。

かつての日本語論ブームのときにも、文字に関する議論は必ず起こった。日本語というのはタイプライターで打てないので、文字だけでもローマ字にしようといった議論も、つい最近まで実際にあったのだ。この議論は、ワープロ、パソコンの登場により一蹴《いっしゅう》されたかに見えたのだが、ことはそう簡単にはいかず、今回の手書き派の大逆襲となったのだろう。機会があれば、この話題もゆっくり取り上げたいが、なんだかちょっと馬鹿馬鹿しい感じもするので、たぶん取り上げない。ここで少しだけ私の所感を書いて、ひとまず終わりにしておこう。

この連載を根気よく読んでいただいている読者諸氏はご理解いただけると思う。新しいコミュニケーションツールは、新しい言葉を生む。その過渡期には様々な混乱があるだろう。だがその混乱にあわてて、新しいコミュニケーションの在り方それ自体を否定してしまうのはナンセンスだ。以上、この問題に関しての言及終わり。

余談だが、問題を提起した書家石川九楊氏の「文学は書字の運動である」という主張に対して、笙野頼子氏が、「呉服屋のミニスカ亡国論」（『文学界』四月号）と揶揄《やゆ》しているのは面白かった。以上、本当に言及終わり。

話を日本語ブームに戻そう。

今回の日本語ブームが、かつてのそれと若干おもむきが異なるのは、日本語ブーム以上に「英語ブーム」だという点だろう。いや、これも以前の日本語ブームにもあったことなのだろうが、今回はインターネットという怪物の出現で、過去のそれに輪をかけて、日本中を英語恐怖症に陥れているといっても過言ではあるまい。

私はこの一年、某新聞の書評欄の、新書・文庫部門を担当していた。五週に一回、三冊の新刊を推薦しなければならないので、新書に関しては、少なくとも新刊の書名はすべてチェックした。いやはや、英語に関する本のなんと多いことか。ある出版社の新書担当者に聞いたところによれば、とにかくいまのところ英語と名前が付けば、ある部数は確実に売れるのだそうだ。『これを英語で言えますか？』（講談社インターナショナル）と脅かされたり、『日本人はなぜ英語ができないか』（岩波新書）と責められたり、『「英文法」を疑う』（講談社現代新書）と疑われたり、落ち着く暇もない。

とまぁ、そんなこんなの背景のなかから、英語第二公用語論の登場となった。

英語を公用語にという議論自体は、何も目新しいものではない。有名なところでは、森有礼《ありのり》の英語公用語論がある。

これは「国語」という概念がまだ未完成な時点での議論であるから、一概に滑稽な欧化論とばかりは言えないという主張もある。興味のある方は、『「国語」という思想』（イ・ヨンスク著・岩波書店）をご覧ください。でもまぁ、やはりちょっと乱暴な議論であることは確かだろう。

他に有名なところでは、志賀直哉のフランス語公用語論がある。これは敗戦直後、すなわち反省好きの日本人が、とりわけ徹底的に反省をした一億総懺悔《ざんげ》の時代に出てきた主張である。「国語問題」と題された随筆のなかで、小説の神様は以下のような意見を述べている（原文は旧仮名遣い）。少し長くなるが、抜粋を試みてみよう。

吾々は子供から今の国語に慣らされ、それ程に感じてはいないが、日本の国語程、不完全で不便なものはないと思う。その結果、如何に文化の進展が阻害されていたかを考えると、これは是非とも此機会に解決しなければならぬ大きな問題である。（略）

日本の国語が如何に不完全であり、不便であるかをここで具体的に例証する事

は煩わし過ぎて私には出来ないが、四十年近い自身の文筆生活で、この事は常に痛感して来た。（略）

そこで私は此際、日本は思い切って世界中で一番いい言語、一番美しい言語をとって、その儘、国語に採用してはどうかと考えている。それにはフランス語が最もいいのではないかと思う。六十年前に森有礼が考えた事を今こそ実現してはどんなものであろう。（略）

外国語に不案内な私はフランス語採用を自信を以っていう程、具体的に分っているわけではないが、フランス語を想ったのは、フランスは文化の進んだ国であり、小説を読んで見ても何か日本人と通ずるものがあると思われるし、フランスの詩には和歌俳句等の境地と共通するものがあると云われているし、文人達によって或る時、整理された言葉だともいうし、そういう意味で、フランス語が一番よさそうな気がするのである。

なんだか滑稽さを通り越して、悲しい気持ちになってくる。私はこの話を、フランスでの稽古の始まりのワークショップにおいて俳優たちに語って聞かせた。フランス人の俳優たちは口々に、「もしそうなっていたら、平田オリザの『東京ノート』のような作品は、決して生まれなかっただろう」と感想を述べあった。

文化にとって、言葉とはなんだろうと、私はそのときに深く考えたのだった。

（二〇〇〇年五月）

悪口言い放題社会

この原稿が活字になっているころには、総選挙の結果も出ていて、誰が沖縄サミットに日本の首相として参加するのか、はっきりしていることだろう。私のまわりの、政治に近いところにいる人々の間では、森首相のサミット花道説がもはや既定路線のように語られているが、政治の世界は一寸先はまったくの闇だから、さてどうなっていることだろう。

希代の失言総理である森さんがサミットに出ることも心配だが、いつまでたっても演説も討論もうまくならない鳩山（由紀夫）さんも心許ない。私ごときが心許なく思っていても詮《せん》無いことではあるのだが、それでも言葉、日本語という不可解な存在に一生向き合っていこうと考えている私にとっては、政治家たちの言葉の貧困に関しては、一言異議申し上げたい気持ちになってしまうのだ。

石原知事の「三国人」発言も、首相の「神の国」「国体」といった発言も、どちらもご本人は、「そんなつもりで言ったわけではない」と弁明したが、これはどんなものだろう？　確信犯的に言っている石原さんと、リップサービスの色合いが濃い森さんでは多少違いはあるのだろうが、それにしても、強面《こわもて》、本人は男性的な魅力があると思っているに違いないお二人にしては、いささか無様で情けない言い訳だった。

ところで、情けないことは情けないし、自分の発言にさえ責任の持てない森首相が、首相の資質に乏しいことは明らかだが、そのこととは別に、少し気になっていることがある。

選挙が近づいてくると、私のところにも何件か、今回の解散をどう名付けたらよいかというコメントを求める取材があった。昨今の選挙には明確な争点がなく（争点があると与党は必ず負けるので）、それが特徴なわけだから、スパッと名付けることなど不可能なのだ。困った私が提案したのは、「ワイドショー選挙」というものだった。

首相の発言は、それはそれで救いようのないものだったが、ではそれに対する野党の反応、またマスコミの反応はどうだっただろうか。どうも一時期、首相バッシングの状態になって、森と名前が付けばなんでも悪いといった状態になってしまった。これでは、自民党は選挙に負けても、「森のせいで負けた」ということになって反省もせず、また愚にもつかない政争を繰り返すことになるだろう。

うーん、どうもこの風景はどこかで眺めたことがあるなと考えてみた。そして、昨年来、ワイドショーを舞台に繰り広げられた例のミッチーvs.サッチーの「熟女バトル」のようだと、ふと思いついたのだった。

それにしてもあの醜悪な言葉のやりとりは、いったいなんだったのだろう。「熟女バトル」(このネーミング自体も気に入らないが、他に呼び方が見あたらないので、一応「」付きで、こう記しておく)が、日本語に残した傷跡は、意外に深いのではないかと私は考えている。

私はこの連載の中で、言葉の変化には、ほとんど常に肯定的な立場をとってきた。その変化を、単に「言葉の乱れ」と捉えるのではなく、変化の背景を少し掘り下げてみることが、連載のひとつの主眼であったと言ってもいい。「美しい日本語を守る」といった概念は極力捨てて、変化のなかで言葉の在り方を見極めていこうとできるだけ努力してきたつもりだ。だが一点、この「熟女バトル」がもたらした日本語の変化だけは、看過できないという気持ちになってしまう。

一言で言ってしまえば、その変化とは要するに、他人に対する悪口を平気で言えるようになってしまったということだ。

公衆の面前で、他人を罵倒《ばとう》し、全否定し、総攻撃をかける。これまでの日本語には、そのような言語習慣、そのような語彙《ごい》はなかったのではあるまいか。

あの騒動からあとに続くミニバトルの数々は、もうここに書く必要もないだろう。私もあまり詳しいわけではないし、ただ不愉快になるだけだから……。バブル経済が、日本人のお金に関するモラルをズタズタに切り裂いてしまったように、かの「熟女バトル」は、日本人の言語に関するモラルを大きくゆがめてしまったように思えてならない。

だが不愉快とはいえ、こんな風潮は、私には直接関係ないとも思っていた。ところがそうでもないのだということを最近思い知らされた。

五月に起きた一七歳の少年のバスジャック事件で、犯人が何度かインターネットの掲示板に、犯行のきっかけとなるような書き込みをしていることが話題となった。私は詳しく知らなかったのだが、その掲示板というのは、マニアの間ではけっこう有名な場所らしく、様々な論争が行われているらしい。簡単に説明すると、世の中のあらゆる事柄がジャンル別になっていて、さらにそのなかの様々な事柄がトピックとして取り上げられている。たとえば「演劇」というジャンルを覗くと、「三谷幸喜」「宝塚」「歌舞伎」「野村萬斎」「劇団四季」「ライオンキング」といったように、人名、劇団名、劇場名、作品名などランダムに、およそ議論の対象になりそうなものがすべて羅列されている。

さて、そのなかに、私の名前も登場したと友人が教えてくれた。というよりも前後関係をきちんと説明すれば、その連絡により、私はこの掲示板の存在を詳しく知り、そこに出かけてみたのだった。

で、やっとたどり着いたその掲示板は、もうなんだか「言葉の暴力」というのが明確に具現化されて渦巻いているような場所だった。あちらこちらで論争にもならないような罵《のの》りあいが起こり、何がなんだか判らない状態になっている。もちろん、普通に趣味を共有するもの同士が、楽しく話している場所も、まれにはあるのだが。私が覗《のぞ》いたときには、私に関する掲示板は、予想に反しておおかたは平和的なものであった。私が覗いたときには、一〇件ほどの書き込みがあって、そのほとんどは私の仕事に対して好意的なものだった。

ただひとつ、ひどい発言があった。それはもう見るも無惨というか、私の来歴から、顔や身長といった身体的特徴まで、あらゆるものがバッシングの対象となっていた。二度と見たくないと思ったので、この掲示板にはそれ以降行っていない。いまごろどうなっているのだろうか。

まぁ、読んだ感想は、月並みだが、こんな他人の悪口ばかり言って楽しいのかというものであった。でもたぶん、楽しいんだろうなぁ。ブラウン管のなかでは、文化人気取りのタレントが、罵詈雑言《ばりぞうごん》の限りを尽くして、連日「バトル」を繰り広げているのだ。もはやそれが彼女たちの生活の糧であり、また存在意義にさえなっている。そんなものを毎日見せつけられては、自分も思いっきり他人の悪口を言ってみたいという気にもなるだろう。ましてインターネットなら、いくらひどい言葉を吐いたところで、まず自分の身に被害が及ぶことはない。

対話のない社会に、討論（ディベート）だけを持ち込むと、様々な混乱をまねく。このホームページは、そのひとつの見本のようなものだろう。

私はこの連載のなかで、電脳社会の新しい日本語を何度か取り上げ、そこから来る変化をも、当然肯定的なものとして考えてきた。それは主に、「チャット」と呼ばれるコンピューター通信上での会話や、「メール」と呼ばれる伝言についての考察だった。この新しいコミュニケーションが生む新しい文体は、確実に日本語に幅を与えていくだろう。

しかし今回は、それとは別の「匿名性の強い掲示板」という問題が出てきた。この件では、私自身は不愉快な体験をしてしまったわけだが、それでも私はこの混沌《こんとん》のなかにさえ、やはり希望も見いだしたいと思う。

匿名性の強い責任の所在のはっきりしない会話は、たしかに多くの暴走の危険を含んでいる。しかし匿名という垣根の低さが、未知の人々の出会いを保証することもたしかである。そこで交わされる日本語は、新しいスタイルと新しいモラルを持ったものになっていくだろう。いや、そうならなければならないし、そこを目指さなければならない。その形はまだ判らないが、それを予想してみることはできる。

さて本来、今回の原稿は、前回の「英語公用語論」の議論を引き継いで、世界における日本語の役割、文化と言語の結びつきとそこから来る独自性について書く予定であった。しかしこの一ヵ月、新たに言葉をめぐるいくつかの出来事があって、内容がずれてしまった。だが実は、このインターネット上の言葉と、国際化社会における日本語の独自性の問題は、私のなかでは一つにつながっている。

次回、一挙に、この二つをつなげる形で、電脳国際社会（すなわちインターネット）における新しい日本語の役割について考えてみたいと思う。混乱はご容赦いただきたい。

（二〇〇〇年六月）

ふたたび英語公用語論について

ふたたび話を英語公用語論に戻そう。

前々回に触れた二つの外国語公用語論、森有礼《ありのり》の英語公用語論と、志賀直哉の仏語公用語論に挟まれて、かつて異色の外国語公用語論があった。

国粋主義者の象徴的存在である北一輝《きたいっき》が、主著『国家改造案原理大綱』（一九一九年）のなかで、エスペラント語を第二公用語とする案を示しているのだ。北一輝が展開する論理は、多少複雑なところがあるので、引用ではなく整理をして書き記してみよう。

一、日本語は、不合理で劣悪な言語であるので、それをこのまま国際語とすることはできない。

二、いずれ日本は、東アジアにとどまらず、シベリアやオーストラリアをもその支配下に置くだろう。しかし、そのときにこの劣悪な日本語を、合理的な言語を有する彼ら西洋人に強制することはできない。(北は次のように書いている。「此ニ対シテ朝鮮ニ日本語ヲ強制シタル如ク我自ラ不便ニ苦シム国語ヲ比較的好良ナル国語ヲ有スル欧人ニ強制スル能ハズ」すなわち、朝鮮語は日本語よりさらに劣悪なので、日本語を教えておいても構わないということだろう)

三、エスペラント語を第二公用語にすれば、優勝劣敗の法則からして、五〇年後には、人々は皆、エスペラント語を使うようになるだろう。植民地下の多くの地域でも、皆自分の民族の言葉を捨て、言語の統一が可能になる。やがては、日本の支配下のすべての地域(日本の本土も含めて)で、エスペラント語が、公用語として流通するようになるだろう。

これもなんだか、いまの私たちから見ると大ざっぱで楽天的な議論である。

さて、台湾、朝鮮半島の植民地化を経て、第一次世界大戦以降、日本はその領土を加速度的に増加させていく。当然、そこでは日本語教育というものが、ひとつの切実な問題として扱われ始めることになる。

ここでの議論は、非常に大ざっぱに分けると、二つの方向に分類することができる。

ひとつは、日本語は神聖不可侵な言葉であり、それをそのまま徹底して教えることが植民地支配下の被支配民族を教化、文明化することにつながるのだという考え方である。

たとえば、戦時下の朝鮮総督府学務局編修課長であった島田牛稚は、雑誌『国語文化』に「朝鮮に於ける国語教育政策」（一九四四年）という次のような文章を書いている（以下の引用は主に、『植民地のなかの「国語学」』安田敏朗著・三元社からの孫引きである）。

　畏くも、上御一人の御使い遊ばす御言葉と、同じ言葉を語ることの光栄を感ぜしめ、それは皇国臣民としてもち得る最大の感激であるという風に、学校教育ではこの精神的の意義を執って国語の常用を奨励して居るのが現在の事実である。

また同じ『国語文化』に当時の京城舞鶴公立高等女学校の校長であった長谷山利市

は、「半島女子と国語の躾」（一九四四年）という以下のような文章を寄せている。

国語は日本の国の言葉だ。天皇陛下のお使いになっていらせられる尊いお言葉であります。有難くも勿体ないお言葉であります。決して一語も粗末にしてはならない。こうして国語を真にわが身につけるということは、結局己のすべてを虚くして、ただただ天皇陛下に仕え奉る清明の赤き心に帰一すべきものだと信ずるのであります。

これらを、植民地化の国語教育における「国粋派」と呼ぶ。

もう一方の主張は、「改良派」と呼ばれるもので、日本語を被支配民族にも習得しやすいものに変形させていこうというものであった。先に掲げたローマ字表記論なども、この文脈で語られることが多くなる。他にも、満州国では、公用語の表記をすべて仮名書きにしようという案が真剣に検討された。

まぁどちらの議論も、歴史の結末を知っている私たちから見れば、志賀直哉や北一輝の論と同様に、滑稽で陳腐なものにしか見えない。こういった議論をまことしやかにできるのは、まさに島国日本の世間知らずで脳天気なところだろう。だが、その脳天気さのおかげで、多くのアジアの人々の生命、財産、そして文化までが奪われ破壊されたことは痛恨の極みである。

実は、この二つの議論の方向は、形を変えて現在も続いている。すなわち、外国人に日本語を教える場合に、いったいどんな「日本語」を教えればいいのかということだ。

せっかく日本語を教えるのだから、美しい日本語、正しい日本語を教えたいというのは人情というものだろう。だが一方で、もっと簡便な日本語を教えるべきだという主張にも一理ある。特に敬語などは、複雑な上に封建的な身分関係を固定するものだから、この際教えない方がいいという考え方もあるのだ。

さらには、「いやいや、現在日本語を学習しようという人の多くは、アジアから日本に来る留学生たちで、その多くは苦学生として居酒屋などでバイトをしている。その居酒屋で、きちんと丁寧な言葉が使えないと、彼ら／彼女らの生活が脅かされるではないか」という現実的な議論もある。

国際社会における日本語の位置が、まず問われているのだ。

日本語を国際社会に通用しない貧弱で劣悪な言葉と考えて自虐的になるのでもなく、逆に神聖不可侵な世界最良の言葉と開き直るのでもない、第三の道はあるのだろうか。それを見つけない限り、現在の日本人の英語恐怖症ともいうべき状況を、根本的に解決することはできないだろう。

たしかに、英語は現在、もっとも多く流通し、しかもその流通の蓄積から、もっとも情報や意味の伝達に有利な言語となっている。だが言語には、広く流通すればするほど、逆にその限界が見えてくるという宿命もあるだろう。フランスの哲学者レジス・ドブレ氏は、朝日新聞社のインタビュー（二〇〇〇年四月二八日朝刊）において、「共通語としての英語には限界がある」として次のように述べている。

（アメリカ英語は）商取引や政治を語る言葉としては非常に有効です。簡潔で具体的だからです。しかし文化や人間を語る言語としては十分ではない。

多くの人が使いやすい言葉、すなわち意味の伝達に適した言葉は、逆に人間の微妙な差異に無関心になりやすいということなのだろう。ドブレ氏は続けて、次のようにも語っている。

言葉は文化と歴史を背負っている。フランス人が言葉の問題に敏感なのは、言葉が国と一緒につくられてきたからです。米国では、言葉が社会との緊張関係をあまり持たずにきた。だから単純なコミュニケーションの道具としては有効なのです。ただ、人間は文化的にも豊かでなければ、本当に豊かだと言えない。文化を語るのは、金もうけの話をするのとは違う。

ドブレ氏のフランス中心主義も、ちょっとどうかとは思うが、たしかに英語に対する認識には的を射ている部分がある。

おそらく私たちにいま必要なのは、自国語をまず徹底的に相対化しながら、その独自性を世界に向けて開いていくという作業だろう。そのときに気をつけなければならないのは、その「開く」という方向が、英語だけであっては元も子もないという点だ。

おそらく市場経済は世界をいま以上に席巻し、英語は世界の流通言語としての役割をさらに増すだろう。そのときにこそ、その周辺にある言語が、周辺同士で連絡を取り合いながら、相互に開かれた関係を結んでいくことが重要なのではないか。本来インターネットも、そのような多言語間のコミュニケーションを実現する可能性を秘めた媒体であるはずなのだ。

国際社会のなかにおける日本語を考えることは、すなわち国際社会のなかで、日本語が果たせる役割について考えるということだ。そして私は、その役割はさほど小さくはないだろうと考えている。

（二〇〇〇年七月）

対話という態度

先日、韓国大使館に招かれて、初めて崔相龍《チエサンヨン》駐日大使にお目にかかった。私的な食事会で三時間ほど楽しくお話しをしたのだが、やはり話題の中心は、朝鮮半島における南北対話の急展開についてだった。

特に、いったい金正日総書記の発言には、どこまでシナリオがあったのかというのが、いっとき話題の中心になった。私も一応、演出家の端くれだから、「おそらくシナリオはなく、ああいった当意即妙の会話に長《た》けた人物なのだろう」ということを話した。崔大使も同意見で、果たしてそういう英語があるかどうか怪しいがと前置きして、「disciplined improvisation」なのではないかとおっしゃっていた。

そこで同席していた大江健三郎さんが（もちろん私は大江さんとお会いするのも初めてだった）「そうですね、でも、その『discipline』は日本語にするのが難しい」とコメントされた。

たしかに「disciplined improvisation」とは、どう訳せばいいだろう。「訓練された即興」「手慣れた即興」とでも訳そうか。ただし、この言葉自体は別に形容矛盾でもなんでもない。演劇の世界でも、即興というのは、訓練を積んでいるかどうかによって、まったくその成果が違ってくるものだからだ。欧米では、即興を演劇教育のなかに取り入れた優れたプログラムがたくさんあるし、日本でもそれらを輸入して実践するところが増えてきて、流行の兆しさえ見せている。

問題は、「discipline」の方である。いま、「ｉモード」で調べたところ（私はこの原稿を旅公演中の楽屋で書いているのだが、電話で辞書がひけるとはたしかに便利な世の中になったものだ）、辞書には「訓練」「（宗教的な意味合いでの）修行」などという訳語が並んでいる。だから「disciplined」は、「訓練された」ということになるのだが、果たしてそれでいいのだろうか？　どうも「訓練」というと受け身な感じがするのだが、英語の「discipline」の持つニュアンスは少し違うようだ。

英語のことはよく分からないが、大江さんの発言には私も思い当たるところがあったので、だいたい以下のようなことを答えてみた。

「私は学生たちに演劇を教えるときには、方法ではなく態度を身につけるのだと言っています。『discipline』は、私には、この『自らを律して態度を身につける』という言葉がちょうど合うのですが、ただ、たしかにこれを一言で言い表す日本語はないですね」

さて、この連載も終わりに近づいてきた。

私はこの行き先の一向に定まらない連載のなかで、ただ一点、対話とは、方法や技術ではなく態度なのだということを言ってきたように思う。もちろんその態度のなかには、合理的に学習可能な技術も含まれている。だが単なる学習や訓練だけでは身につかない「disciplined」としか言いようのない要素が対話のなかにはたしかにある。

たとえば私は、大学の三年時に韓国に一年間留学した。ソウルで暮らしたその一年間は、まさに私にとって、対話のための「discipline」のときだった。

私たちは、戦後民主主義教育を受けて育ってきた。この教育の主眼は、何よりも「国家や家よりも個人の生命や意思を尊重する」という点にあるだろう。私はこれを、いまでも間違っていないと思うし、そのような教育を受けてきたことを誇りに思う。

だが韓国、ソウルに暮らすということは、ただそれだけでは済まされない状況を私たちに突きつける。

私自身は「私は日本人である前に平田オリザ個人だ」、あるいは「私は日本人である前に、コスモポリタン（世界市民）だ」と思っている。しかし韓国の一般の人々との付き合いのなかでは、それだけでは机上の空論に過ぎなくなってしまうのだ。彼らは私を、まず日本人として見る。海外を旅行すればそんなことは当たり前のことだが、特に韓国の場合にその視線が強いことは理解していただけるだろう。そして私もまた、その日本人としての歴史性を、この一身に引き受けなければならないと思う。

だからソウルで私が考えなければならなかったのは、韓国の人と接するそのたびごとに、私と相手の国家観や人生観を摺り合わせながら対話を進めるという作業だった。これは別に、相手の価値観に擦り寄るということではない。対話を重ねながら、相手が私のことを、日本人である以前に、一個人として扱ってくれれば、それにまさる幸いはない。肝心なのは、そこに至る過程を大事にしていくということだ。

このソウルにおける「discipline」の季節は、いま私が劇作家という仕事を進めるうえで、大きな影響を与えている。戯曲を書くという行為は、とりもなおさず、異なった価値観を持った人物を舞台上に出現させ、そこに対話を起こさせることだからだ。

世の中には時々、三〇代、四〇代になってから、突如として国家主義的な考え方に転向してしまう人がいる。理由は色々あるだろうが、ひとつには次のようなことが原因なのではないだろうか。

私たちが受けてきた戦後民主主義の中核をなす個人主義的な教育も、それが人間の考えた思想のひとつである以上は、ときとして矛盾や限界に突き当たる。そういった壁にぶちあたったとき、突如「国家」「民族」といった居心地のいい言葉に飛びつき、異なる価値観を持った他者を排除してしまうということは十分に考えられる。

だからこそ、若い、頭の柔らかい時期に、ただ教条的に思想を飲み込むのではなく、その思想の限界を知り、現実世界における矛盾を一つひとつ解決しようとする態度を身につけているかどうかが問われるのだ。この態度が身についていない限り、どんなに良質の哲学を学んできても、思想的に「キレル」ことは往々にして起こりうる。

イデオロギーの時代が終焉《しゅうえん》を迎えた二一世紀には、この対話の態度は、ますます重要度を増してくるだろう。いかに高等な思想を有していても、対話の態度が身についていなければ、それを現実社会で生かすことはできないし、その思想は脆《もろ》く、はかない。

誤解を恐れずに言えば、要するにこれは論理の問題ではなく躾《しつけ》の問題なのだ。いや躾と言ってしまうと、これまた他者から一方的に「躾けられる」というイメージになってしまってよろしくない。どうしても「discipline」という単語に戻らざるを得ないのだが、それでもあえて日本語を使おうとするなら、「自らを躾ける」「修養」といった言葉の方が、「訓練」よりはまだましかもしれない。

だが、対話という視点から考えてみると、「躾」とか「教育」といった言葉も、従来の意味合いとは異なった部分を付け加えていくことができるかもしれない。実際、劇団や大学で若い世代と話をすると、ユニークな発想や柔軟な思考ができる人間は、たいていの場合、対話的な要素を持った家庭環境や教育環境にいた経験があるのだ。

対話のある家庭環境とは何か。

繰り返すが、対話とは、他者との異なった価値観の摺り合わせだ。そしてその摺り合わせの過程で、自分の当初の価値観が変わっていくことを潔しとすること、あるいはさらにその変化を喜びにさえ感じることが対話の基本的な態度である。

これを家庭や学校にあてはめれば、親や教師が子供に自分の価値観を一方的に押しつけるのではなく、子供との対話のなかで、自らの価値観が変わっていく可能性を開いておかなければならないということになる。念のため書いておくが、ここで重要なことは、親や教師も、きちんとした価値観を子供に提示するという点だ。自らの価値観を示さずに、いつも子供の言いなりでは意味がない。大人の価値観をはっきりと提示する。しかしその価値観は、年長者故の絶対的なものではなく、対話の過程で常に変更可能な、柔軟性を持ったものでなくてはならない。

この対話の態度は、身につけるまでは、とても面倒に感じるだろう。やっかいなことは他人に決めてもらった方が楽だし、また、異なる価値観を持った人とは付き合わない方が気分も休まる。だが人は、人生をいつもそんな風にのんきに過ごしていけるはずはない。いや、これからの時代には、気の合う人々だけの閉じた集団で生きていくことなど不可能なのだ。

私たちには、そのための「discipline」がどうしても必要だ。　（二〇〇〇年八月）

二一世紀、対話の時代に向けて

私と私の劇団「青年団」は、現在、北米公演の準備に忙しい。この公演では、昨年開発した字幕システムをパワーアップして、私たちの会話劇の雰囲気をできるだけ的確に伝えるための様々な工夫を行っている。新しいシステムでは、台詞ごとに字体や色や背景も変えることができる。いまは稽古を進めながら、一つひとつの表示や間隔の秒数を、一〇分の一秒単位で決めているところだ。

もうひとつ、それと並行して、NHKの『ようこそ先輩』という番組を作っている。ご覧になったことのある方も多いと思うが、各分野のエキスパートが母校の小学校を訪ねて授業をするという人気番組だ。多少難しいかとも思ったが、中学校の国語の教科書のために書きおろした「対話劇を作ろう」というテキストを使って、実際に教室で対話劇を作る過程を実演した。

この番組の見所は、普段、「教える」ということに関しては素人の人間が、その専門的知識を生かして子供たちと格闘するところにあるのだが、私の場合はいつも小学校から高校までの子供たちを相手にワークショップをしているので、そういった意味での新鮮味はなかったかもしれない。それでも母校での授業というのは、やはり格別のものがあって、楽しい時間を過ごすことができた。

戯曲を書くという仕事は、先に記した字幕作りにも似て、一つひとつの言葉を吟味し、削り、付け足しして完成させるガラス細工のような繊細さを要求される。私は劇作を生涯の仕事として選び、そしていま、多くの芸術家がそうであるように、世界中の人に読まれ上演されるような素晴らしい作品が書けるのならば、自らの命を多少縮めてもいいくらいの覚悟で、毎晩パソコンのキーボードに向かっている。

一方で、子供相手のワークショップは、参加者のすべてを受け入れる作業である。はじめから、こちらが特定の物語や「美しい言葉」を用意してはいけない。子供の探してきた言葉を、美しい言葉も汚い言葉も、正しい言葉も間違った言葉も、いったんすべてを受け入れて、そこから少しでも楽しい劇を作っていくことが肝心だ。

私は、この両極にある二つの言葉に関する仕事を、二つながらに楽しいと思う。いや、それは単に楽しいだけではなく、この二つは、私の深いところで、なんらかの形でつながっている。

話は突如変わるが、永住権を持った在日外国人の参政権についての議論が起こっている。

先日テレビを見ていたら『ニュースステーション』がこの問題を取り上げて、ある在日英国人の一日を収録したビデオを流していた。この英国人は、国籍こそ英国で（娘の国籍選択を自由にするためだそうだ）金髪碧眼《きんぱつへきがん》だが、日本生まれの日本育ちで当然私たちと同じ日本語を普通に話す。

さて、このビデオが流れたあと、久米宏さんと解説の男性は、しきりにこの英国人の日本語に感心してみせた。「こんなに日本語が上手なんだから、地方参政権くらい与えてもいいじゃないか」という論調である。私はもちろん、参政権付与には全面的に賛同するが、しかしこの論調には違和感を覚えた。

まず第一に、日本生まれの日本育ちの外国人の言葉を、上手だとか下手だとか云々《うんぬん》するのがおかしい。それはさておいても、参政権の問題と、言葉の問題を同じレベルで議論するのはよくないだろう。たとえば国籍取得のルールとして、言語能力をひとつの目安にするのは、現行ではやむを得ないところかもしれないが、そういった規制はできるだけ少ない方がいい。くだんの『ニュースステーション』では、久米さんの隣に座る渡辺真理さんがたまりかねて、「言葉がうまくなくても、そう（参政権付与しなければならない）ですよね」と最後にコメントした。さすが我が大学の後輩だけのことはある。

言葉と国籍の問題では苦い思い出がある。酒の席でのことだが、在日の作家が同席していて、別の作家が、「日本語も普通に話せるのだから、帰化なんかもっと簡単にできるようにすればいい」という主旨の発言をした。久米さんと同じで、その発言自体に強い偏見も悪気もなく、ご本人はリベラルな立場で語ったつもりなのだろう。だが私は、その発言を看過できず、少し論争のようになってしまった。

この問題を考えるとき、関東大震災の朝鮮人大虐殺のことを、私はいつも思い出す。自警団などが道行く人に、朝鮮半島出身者かどうかを区別するために濁音を発音させ、うまく言えなかった者は有無を言わさずに虐殺されたという。もちろん当時彼らはすでに、植民地支配下の「日本国民」であったにもかかわらずだ。言葉は醜いより美しい方がいい。間違っているよりは正しい方がいい。だが、そのことにかたくなになりすぎると、それはたとえば極限の状況下では、生存か虐殺かの境界線をなすような強烈な排除の論理に変化する。

もうひとつ、楽しく美しい思い出もある。

私の生涯において、心に残るいくつかの文章のうちのひとつに、大学時代アメリカから来た日系人の留学生が、ワンダーフォーゲル部の日誌に帰国を前に書き記した走り書きのような雑文がある。この文章を手帳に書き写しておかなかったのは、私の一生の不覚であるが、それでもその素晴らしさは、いまでも鮮明に覚えている。「てにをは」は滅茶苦茶。字ももちろんたどたどしいし、誤字脱字もある。意味がよくとれない部分さえあるのだ。まぁ、歌手マルシアさんの変な日本語を思い浮かべていただければいい。だがそれでも、そこに記された彼の心情はよく分かった。長くあこがれ続けた母親の祖国日本が、闇雲な西洋化を続けることへの悲嘆。自国の文化の素晴らしさを見失い、独自の価値観を喪失しつつある日本人への鋭い問いかけ。大学ノートに十数行のその文章を読んで、部室で一人、私は少し涙ぐんでしまった。

言語の正しさと、その内容の豊かさは直接的には関係がない。どんなに正しく美しい日本語でも、中身が醜ければ、それは取るに足らないものだ。

だから子供たちの発する言葉は、まずとにかくすべて受け止めてあげたいと思う。正しいか正しくないかは、あとで子供たち一人ひとりが自分たちの力で考えればいいことだ。

それがたとえ他人を傷つけるような言葉であっても、そのことも一緒に考えていけばいい。他人を傷つけたり、傷つけられたり、あるいは自分の想いが他人にまったく通じないという経験を通してのみ、子供たちはコミュニケーションの技術を学んでいくのだ。そのときにこそ、はじめて私たち芸術家が繊細に積み上げた言葉に対する蓄積が、少しだけ人々の役に立つ。

人は、たとえば誰かを好きになったときに、その言うに言われぬ気持ちを言葉に託したくて、はじめて詩を読むものだ。あるいは、愛する者を失った悲しみを、そのままにはどうしてもしておけなくて、小説を読んだり芝居を見たりして、その気持ちを表すのに、何かぴったりの言葉や表現を見つけて、かろうじて精神の均衡を保つのだ。

二一世紀のコミュニケーション（伝達）は、「伝わらない」ということから始まる。この連載で何度も繰り返してきたように、対話の出発点は、ここにしかない。

私とあなたは違うということ。

私とあなたは違う言葉を話しているということ。

私は、あなたが分からないということ。

私が大事にしていることを、あなたも大事にしてくれているとは限らないということ。

そして、それでも私たちは、理解し合える部分を少しずつ増やし、広げて、ひとつの社会のなかで生きていかなければならないということ。

そしてさらに、そのことは決して苦痛なことではなく、差異のなかに喜びを見いだす方法も、きっとあるということ。

乱れ、揺れ、壊れ、言葉はどんどん変わっていく。その変わっていくことを恐れてはならないし、否定しても意味がない。美しい言葉、正しい言葉が、あらかじめどこかにあるのではない。それらは言葉の変化のなかで、少しずつ、私たち自身の内側から見つかっていくものだ。

まず話し始めよう。そして、自分と他者との差異を見つけよう。差異から来る豊かさの発見のなかにのみ、二一世紀の対話が開けていく。

（二〇〇〇年九月）

あとがき

言葉について何か文章を書くということは、それだけで少し勇気がいる。言葉を書くことを生業《なりわい》としているくせに、いったい自分の言葉がどれほど正しいのかどうか自信がもてない。「言葉の普遍的な正しさなどはない」「言葉は常に移ろいゆく」というのが本書のひとつの主題であるが故に、かえって、言葉の使用法の単純なミスなどには、いつも以上に神経質になってしまった。言葉というのは、どこまでも自己中心的で、自分の使用法が絶対のように思ってしまうから、自ら誤用を見つけるのはなかなか難しい。あきらかな間違いがあれば、ご指摘いただければと願う。

連載中には、本文にも登場する高本さんをはじめ、多くの専門家の方に原稿のチェックをしていただくなど、ご意見をお伺いした。あらためてお礼を申し上げたい。

最終項で触れた北米公演は、『ニューヨーク・タイムズ』に大きく取り上げられるなど大成功をおさめた。いまは、来年の日韓合同公演、それに続くヨーロッパ公演の準備を進めている。海外での仕事、特に海外の演出家との共同作業を経験するたびごとに、言葉の面白さ、不思議さへの想いは募るばかりだ。

海外との共同作業の過程では、コンテクストのずれの大きさに、戸惑い、いらだち、絶望さえすることがある。しかし、その絶望的な時間に耐えて稽古を続け、やがてコンテクストの接点を、一筋の光明のように発見する瞬間には、何ものにも代え難い喜びがある。

海外での活動の急激な増加以外にも、この連載の三年間、私の周りでは色々な変化があった。なかでも、桜美林大学の助教授という職に就いたのは、自分の人生でも予定外の出来事であった。いま私は、若者たちの言葉に囲まれて、楽しい時間を過ごしている。彼らの新しい言葉は、私に新たな作品を書かせるだろう。新しい国語の教科書も採択を終え、いまは実際の授業に向かっての準備が始まっている。まだまだ、対話の時代への旅は続く。

連載中から、地方公演、ワークショップ、海外での演劇制作で、ほとんど東京にいない私を追いかけて下さった小学館の高橋攻さんに、何よりも感謝の言葉を贈りたい。

連載中の表題は『二一世紀との対話』だった。しかし、いざ単行本にしようと考えると、もはやこの題名は古くさいものとなってしまった。連載が始まるときには、二一世紀なんて、まだまだ先だと思っていたのに。時代と言葉は意外なほどの早足で駆けていく。そのスピードに惑わされず離されず、これからも言葉と向き合っていければと思う。

二〇〇一年夏

平田オリザ

解説――来るべき社会

高橋源一郎

平田オリザさんの『対話のレッスン』を読み、わたしは、ほんとうに心の底から驚くとともに、この本の解説を依頼してくださった担当編集者に深い感謝の気持ちを捧げたいと思った。

この、特別な本を読みながら、わたしは、自分の内側から、様々な思いやことばが蠢《うごめ》きだすのを感じたが、そのすべてを書いていくとするなら、それは一冊の本になるだろう。だから、ここで書くのは、「解説」というより、この本を読みながら感じたことの一部をメモしたものだ。そして、わたしは、解説者として、ほんとうに、読者であるみなさんにお勧めするのだけれど、みなさんも、この本を読みながら、著者である平田オリザさんと共に、ゆっくりと（平田さんが指摘するようなこと、あるいは、それに触発されて、みなさんの内側に巻き起こってくることについて）考えてもらいたいのである。それは、みなさんにとっても、たいへん貴重な時間になるだろう。

1――「対話」と「会話」について

最初にひとこと、書いておくと、これは、主として、日本語の現在について書かれた本だ。平田さんは、いま日本語になにが起こっているのか、それを見つめ、耳を澄ませて聞き入っている。そして、その意味について、考えようとしている。けれども、わたしは、そのことよりも、そのことによってわかってくる別のなにかに、より興味をそそられたのである。

たとえば、この本の冒頭部で、平田さんは「対話」と「会話」の違いについて書いている。短いけれど、とても重要な部分だ。平田さんにしたがって、この部分を簡単に説明しておこう。

平田さんによると、「演劇の言葉は、『話し言葉』によって成り立っている」。それは、そうだ。そして、わたしたちはみんな、その「話し言葉」を使うことによって、生きているのである。その「話し言葉」の中のもっとも重要な要素が「対話」と「会話」だ。そういわれると、なるほどそうなのかも。しかし、わたしたちは、ふだん、「対話」と「会話」の違いについて真剣に考えたりはしない。

「あらかじめ、簡単に定義づけておくと、『対話』(Dialogue)とは、他人と交わす新たな情報交換や交流のことである。『会話』(Conversation)とは、すでに知り合った者同士の楽しいお喋りのことである。では何故、演劇には、対話が重要な要素となるのだろうか。

日常会話のお喋りには、他者にとって有益な情報はほとんど含まれていない。演劇においては、他者＝観客に、物語の進行をスムーズに伝えるためには、観客に近い存在である外部の人間を登場させ、そこに『対話』を出現させなくてはならない」

このこと、「対話」と「会話」の違いについて、平田さんは、これから繰り返し、わたしたちに注意するよう促す。なぜだろうか。それが、演劇にとって、もっとも重要なことだからだろうか。そうだ。けれども、それだけではない。ここには、それ以上のものが存在している。別の人の別の文章を読んでみる。

「加藤典洋は、語り口を重要視する。現在には現在の語り口があるはずだ。現在の語り口で前の時代のことを語りなおし、しかも、仲間内の語り口におわらず、仲間を一歩はなれたところから見ることのできる公共の語り口へふみだすことを、ハンナ・アーレントのアイヒマン報道にふれて、彼はすすめる。迫害されたユダヤ人の歴史を、迫害されたユダヤ人の語り口からはなれた語り口で語りなおすところから、公共性にむかってふみだす方向である」(『教育再定義への試み』鶴見俊輔)

ここで、この作者は「公共の語り口」について語っている。けれど、目を転じて、先程の平田さんの文章を眺めてみると、同じことがらが違うことばで記述されていることに気づくのである。「仲間内の語り口」とは「会話」のことだ。そして、「仲間を一歩はなれたところから見ることのできる公共の語り口」とは「対話」のことだ。みなさんに、あらゆる文章を読み直すことを勧めたい。そうすれば、あらゆる場所で、「対話」や「会話」ということばではなく、別の「語り口」で、そのことが記されていることに気づくだろう。そして、そういう場面に、わたしたちは、繰り返し、出会うだろう。なぜなら、「対話」と「会話」の区別、そして、そこに潜んでいる問題こそ、現代社会に生きるわたしたちにとって、もっとも重要なものであるからだ。

2――「対話」のない社会

日本語の現在のありさまについて、あらゆる方向から考えてきた平田さんは、本書の後半部でもう一度、そしてさらに深く、「対話」と「会話」の問題に触れている。

中島義道さんの本（『〈対話〉のない社会――思いやりと優しさが圧殺するもの』）によりながら、「対話」の基本原理について考えるのだ。わたしもまた、平田さん経由で中島さんの本を読み、目が覚める思いがした。そこで、中島さんや平田さんと共に、「対話」の本質について考えてみることにしよう。

まず、「対話」においてもっとも本質的なことは、それが「一対一の関係」であることだ。それは、わかる。とはいえ、それは「一対一でしゃべる」ことを意味しない。ひとりがたくさんの人たちに対していても、「一対一」の関係と同じ内容であるなら、それは「対話」なのだ。逆に、「一対一」でしゃべっていても、「対話」が成立しないことも多い。では、「対話」においてもっとも大切な「一対一の関係」とは、具体的には、どんな関係なのだろうか。

もっとも重要なのは、「たしかな価値観や人生観を持って、そのコミュニケーションに参加していること」だ。

それは言い換えるなら、他人の意見を鵜呑みにして、それを自分の「意見」としてしゃべったりするのではなく、どのことばも、自分の経験に裏打ちされたものであることだ。

「・自分の人生の実感や体験を消去してではなく、むしろそれらを引きずって語り、聞き、判断すること。
・相手との対立を見ないようにする、あるいは避けようとする態度を捨て、むしろ相手との対立を積極的に見つけてゆこうとすること。
・相手と見解が同じか違うかという二分法を避け、相手との些細な『違い』を大切にし、それを『発展』させること。
・自分や相手の意見が途中で変わる可能性に対して、つねに開かれてあること。」

どれも、わたしたちにとって、難しいことのように思える。なぜなら、わたしたちは、ふだん、これらのどの項目とも反するように、他人と対応してきたからだ。あるいは、そう対応するように、(無言のうちに)教えられてきたからだ。あるいは、そのように振る舞うのを、見てきたからだ。

教師は、自分の実感や経験ではなく、教科書や本に、指導書に書かれたことを教えようとしてきたのではなかったか。とりわけ、社会や政治の問題のような、意見が分かれるような問題については、そもそも考えるのも難しいから、という理由もあるけれど、できるだけ、他人と話すことを避けてはいなかったか。直接対面するときは、黙っていたとして、たとえば、インターネットのような、現実の人間と話す必要がない場所では、自分の「意見」と異なる意見を見ると、ムカついて、罵りたくなったりはしなかったろうか。あるいはまた、誰かに、自分の意見を否定されると、やはり怒りの感情がこみあげてきて、相手のいっていることに正しい部分が含まれていたとしても、それは無視して、その相手をどうやって叩きのめそうかと思ったりはしなかったか。

どれもこれも、わたしたちが、日常的に経験していることばかりである。そして、気がつくのである（平田さんや中島さんの書いたものを読んだ上では）。わたしたちは、どうやら、「対話」というものとは縁遠い生活をしてきたのだ。

ここまで来て、平田さんは、わたしたちの社会の本質について語るのである。

「安土桃山時代以降の約三〇〇年は、極端に人口流動性の低い社会が、日本全土に形成された。人口の大半を占める農民たちは、生まれてから死ぬまで、自分の藩、自分の村の外に出ることもなく、他国はもとより他地域の文化に触れることさえなかった。

まずもって、このような社会では、『対話』は必要とされないであろう。なにしろ、生まれてから死ぬまで、人々は『他者』とは出会わないのだ。こういった狭い閉じた社会では、村のなかで、知り合い同士が、いかにうまく生活していくかだけを考えればいいのであって、そこから生まれる言語は、同化を促進する『会話』のためのものが発達し、差異を許容する『対話』が発達してこなかったのは当然だろう」

確かに、江戸時代以前の、鎖国状態が続いていたこの国は、「閉じた社会」そのものので、「会話」さえあれば十分だったろう。「分かり合う」ことができればよかった。だから、「対話」の必要もほとんどなかっただろう。だが、近代日本は、どうだったのか。

「日本は、封建制のくびきから解き放たれ、地域的にも、そして社会制度のうえでも、流動性を持った社会を形成し始める。学問や努力によって立身出世が可能となり、また身分を超えた恋愛なども登場する。そのとき日本人が、血のにじむような努力をし、新しい社会のための新しい日本語を生み出してきたことは、過去のこの連載でも触れてきた通りである。

近代日本は、『演説』のための日本語を生み出し、『裁判（討論）』のための日本語を生み出し、『教授』のための日本語を生み出してきた。だがしかし、近代日本は、『対話』のための日本語だけは生み出してこなかった。対等な人間関係に基づく、異なる価値のすり合わせのための日本語だけは生み出してこなかったのだ。

理由は明白であろう。近代日本の建設には、『対話』は必要とされなかったからだ。『対話』とは、異なる価値観をすり合わせていく過程で生じるコミュニケーションの形態、あるいは技術である。しかし明治以降一三〇年、日本国は、異なる価値観をすり合わせていく必要それ自体がなかったのだ。戦前は『富国強兵』、戦後は『復興』あるいは『高度経済成長』という大目標に向かって、日本国民は邁進《まいしん》してきた。その大目標から外れる価値観は、抹殺、弾圧、あるいは無視され、ついに『対話』を生み出す機会は得られなかったのだ」

日本語ということばをめぐる考察は、やがて、その日本語を使うわたしたちの、生きている国と社会の問題の中心部にたどり着くのである。

ここまで来て、わたしたちは、「では、現在は?」と自分たちに訊ねるだろう。いま、わたしたちが生きているのは、「対話」のある、もしくは、「対話」が重んじられる社会なのか、と。そして、その問いに、自ら、こう答えるしかないのである。「いや、現在もまた、かつてそうであったように、わたしたちは、ついに、『対話』を生み出すことはできなかったのかもしれない」と。

3――来るべき社会

さて、こんな風にして、平田さんは、わたしたちの社会が、ずっと「対話」のない社会であったことを教えてくれる。そのことがなにを生んだのか。それを、いまのわたしたちは、知っているのではないだろうか。

どうして、政治家たちのことばは、あんなにも軽く、そして、少しもこちらの胸に響いてはこないのか。

なぜ、至る所で、「弱い」と目される人たちが(在日朝鮮人たち、障害者たち、生活保護受給者たち、シングルマザーたち、等々)、それ故に、罵倒されたり、無視されたり、厳しい視線で見つめられなければならないのか。

大学生たちは、四年生になると（その前からだけれど）、どうして、みんなまったく同じ格好をし、同じようなことを企業に向かってしゃべりながら、就職活動をしなければならないのか。

原発事故のような巨大な事件が起こっても、どうして、誰も責任をとろうとはしないのか。ほんとうに、わからないことばかりだ。けれど、わかっていることが一つある。これらは、どれも、この社会が持っている根本的な欠陥から生み出されたことなのだ。つまり、「対話」のない社会、相手を説得しようと誰も心の底から考えないし、考える必要もない、そんな社会が生み出したものばかりなのである。

わたしたちは、そんな社会から逃れることはできないのだろうか。あるいは、そうではない社会を作りだすことは不可能なのだろうか。

いや、そうではない、と平田さんはいう。「対話」のある社会は可能だ。というより、そんな社会を作らなければ、わたしたちに未来は来ないのである。

では、「来るべき」「『対話』のある社会」とは、どんな社会なのだろうか。

ここで、「演劇」が、その社会についてのヒントを教えてくれるのである。

なぜだろうか。それは、「西洋の演劇は、遠く二五〇〇年ほど前、ギリシャの地で誕生した。そのころギリシャには、民主制という新しい政治体制が誕生しつつあった」からだ。

「演劇」と「民主制」が、同じ地で、ほぼ同時に生まれたのは偶然ではなかった。そのまったく新しい政治制度では、王や貴族ではなく、その共同体の成員すべてが自分たちでなにごとも決めねばならなかった。だが、そこで、人々は気づいた。ひとりひとりが異なった考えを持っていることに。

考えが異なる人々がなにかを決めるためには、異なった考えの相手を説得しなければならない。それも、すべての異なった考えの人々を。なんと気の遠くなるような状況だろう。けれど、それが「民主制」だった。そして、その「異なった考えの相手」を説得するための技術、いや、考え方こそ「対話」だったのである。

最後に平田さんはこう書いている。

「二一世紀のコミュニケーション（伝達）は、『伝わらない』ということから始まる。この連載で何度もくり返してきたように、対話の出発点は、ここにしかない。

私とあなたは違うということ。

私とあなたは違う言葉を話しているということ。

私は、あなたが分からないということ。

私が大事にしていることを、あなたも大事にしてくれているとは限らないということ。

そして、それでも私たちは、理解し合える部分を少しずつ増やし、広げて、ひとつの社会のなかで生きていかなければならないということ。

そしてさらに、そのことは決して苦痛なことではなく、差異のなかに喜びを見いだす方法も、きっとあるということ」


ここには、来るべき社会に必要な条件が、「対話」のある社会とはなにかが、「民主主義」が実現するということはどういうことなのかが、すべて書きこまれているように、わたしには思える。

そして、これは、人間というものがひとりで生きてはゆけぬ存在であり、それ故に、家族や社会というものを作りだして以来、ずっと抱えることになった、解決不能な問題への唯一の希望ある回答であるように、わたしには思える。

ひとりでは生きていけない人間は、他の人間とコミュニケートし、一つの「社会」を作る。だが、よく見れば、「相手」は、理解できない「他者」なのだ。「他者」は怖い。「他者」はなにを考えているのかわからない。その不安が、「社会」をいつも不安定にしてきたのである。

だが、理解できない「他者」とは、実は、相手から見た「自分」の姿でもあるのだ。そこに、いま、わたしたちの前にいて不安におののいているのは、わたしたち自身なのである。

声をかけること。そして、手を差し伸べること。それは難しいことではない。なぜなら、それは、昨日の、もしくは、明日の「わたし」自身でもあるからだ。

ルソーは『社会契約論』の中で、「民主主義」の根本に「差異」を置いた。その成員ひとりひとりがまったく異なった意見を持つこと、それが、「民主主義」という制度のもっとも本質的な要素だとした。しかし、意見が異なってしまうと、なにも決まらないのではないか。

ばらばらな意見のままで、ひとりひとりが独立した個人であることを保ちながら、その「差異」を全面的に認めたまま、共同体が成立すること。それが、ルソーの「民主主義」だった。自分の意見も曲げず、自分と異なった意見をすべて尊重する。その態度が貫かれるなら、どのような結果になろうとも、認めること。そこでなにが決まるか、ではなく、そこに至る道筋のあらゆる地点で、完全に自由であり、他者を尊重し続けること。そちらの方が遥かに重要であることを、お互いに確認すること。

演劇が生まれた古代ギリシャの時代に生まれた「民主主義」の理念を極限まで考え尽くそうとしたのが、近代小説の祖ともいえるルソーであったことは不思議でもなんでもない。「対話」のある世界がなにであるかを、演劇や小説の世界は、ずっと前から知っていたのである。

（作家、明治学院大学教授）

KODANSHA

本書は二〇〇一年に小学館より刊行された
『対話のレッスン』を底本としたものです。

平田オリザ（ひらた　おりざ）

1962年東京都生まれ。国際基督教大学在学中に劇団「青年団」結成。劇作家，演出家。東京藝術大学特任教授，大阪大学客員教授，四国学院大学客員教授・学長特別補佐，京都文教大学客員教授。著書に『演劇入門』『演技と演出』『わかりあえないことから』『芸術立国論』『幕が上がる』『話し言葉の日本語』（共著）など多数。

講談社学術文庫

定価はカバーに表示してあります。

対話《たいわ》のレッスン
日本人《にほんじん》のためのコミュニケーション術《じゅつ》

平田《ひらた》オリザ

2015年6月10日　第1刷発行
2025年10月6日　第10刷発行

発行者　篠木和久
発行所　株式会社講談社
東京都文京区音羽2-12-21 〒112-8001
電話　編集（03）5395-3512
販売（03）5395-5817
業務（03）5395-3615

装　幀　蟹江征治
印　刷　株式会社ＫＰＳプロダクツ
製　本　株式会社国宝社
本文データ制作　講談社デジタル製作

ISBN978-4-06-292299-9

「講談社学術文庫」の刊行に当たって

これは、学術をポケットに入れることをモットーとして生まれた文庫である。学術は少年の心を養い、成年の心を満たす。その学術がポケットにはいる形で、万人のものになることは、生涯教育をうたう現代の理想である。

こうした考え方は、学術を巨大な城のように見る世間の常識に反するかもしれない。また、一部の人たちからは、学術の権威をおとすものと非難されるかもしれない。しかし、それはいずれも学術の新しい在り方を解しないものといわざるをえない。

学術は、まず魔術への挑戦から始まった。やがて、いわゆる常識をつぎつぎに改めていった。学術の権威は、幾百年、幾千年にわたる、苦しい戦いの成果である。こうしてきずきあげられた城が、一見して近づきがたいものにうつるのは、そのためである。しかし、学術の権威を、その形の上だけで判断してはならない。その生成のあとをかえりみれば、その根は常に人々の生活の中にあった。学術が大きな力たりうるのはそのためであって、生活をはなれた学術は、どこにもない。

開かれた社会といわれる現代にとって、これはまったく自明である。生活と学術との間に、もし距離があるとすれば、何をおいてもこれを埋めねばならない。もしこの距離が形の上の迷信からきているとすれば、その迷信をうち破らねばならぬ。

学術文庫は、内外の迷信を打破し、学術のために新しい天地をひらく意図をもって生まれた。文庫という小さい形と、学術という壮大な城とが、完全に両立するためには、なおいくらかの時を必要とするであろう。しかし、学術をポケットにした社会が、人間の生活にとってより豊かな社会であることは、たしかである。そうした社会の実現のために、文庫の世界に新しいジャンルを加えることができれば幸いである。

一九七六年六月　　　　　野間省一